쉽고 명쾌한

기독교의
기본교리

유재혁

들어가는 말

    지난 수십 년간 기독교의 기초를 소개하는 다양한 책들이 있었습니다. 각 교단이나 선교 단체마다 소위 기독교 입문 과정 같은 내용들을 담은 교재들이 있어서 특히나 신앙생활을 처음 시작하는 분들에게 많은 도움을 주었습니다.

    그런데 또 하나의 교재를 만들었습니다. 그 이유는 이전 교재들이 결코 훌륭하지 않아서가 아닙니다. 또한 기독교의 진리에 어떤 변화가 있어서도 물론 아닙니다. 진리는 늘 변함이 없습니다. 하지만 그것을 전하는 방법은 시대에 따라 조금씩 다를 수밖에 없습니다. 왜냐하면 한 시대를 살아가는 사람들이 이전 시대의 사람들과는 다른 특징들을 가지고 있기 때문입니다. 예를 들어서 지금 21세기의 현대인들은 이전 세대의 사람들과는 확연히 다릅니다. 이들은 상대적으로 교육 수준이 높습니다. 또한 정보를 객관적으로 소화하는 능력이 뛰어납니다. 하지만 또 다른 한편으로 진리를 받아들이는데 어려운 부분들도 있습니다. 오늘날 현대인들은 진화론을 더 깊이 신봉하는 무신론적인 문화 속에서 살아가고 있습니다. 또한 절대적인 도덕이나 가치관이 아니라 모든 것은 상대적이라는 포스트모더니즘의 영향을 많이 받은 세대입니다.

　새로운 교재를 발간하게 된 또 하나의 이유는 이것입니다. 누군가가 이렇게 말했습니다. "자신이 설명할 수 없는 진리는 자신이 정말로 믿는 진리가 아니다. 누군가가 무엇을 정말로 믿는다면 당연히 그것을 설명할 줄 알아야 한다." '과연 오늘날 교회를 출석하는 사람들은 자신이 무엇을 믿는지를 알고 신앙생활을 하는 것일까?' 라는 의문이 들 때가 많았습니다. 또한 '처음으로 기독교의 복음을 접하는 사람들에게 우리는 무엇을 가르쳐 주어야 하는가?' 라는 고민도 있었습니다. '과연 사람들은 기독교가 어떤 진리의 내용으로 이루어져 있는지를 알고 교회를 다니는 것인가?'

또 '신앙생활을 처음 시작하는 사람들에게 꼭 알려 주어야 할 기독교 신앙의 내용에는 어떤 것들이 있는가?' 이런 의문이나 관심은 반드시 필요한 것이라고 생각합니다.

오늘날 현대인들에게 신앙이란 그냥 무조건 믿으라고 강요할 수 있는 것이 아닙니다. 진리는 아는 것으로부터 출발합니다. 그러므로 교회를 다니고 봉사를 하는 섬김의 삶 이전에 내가 믿는 진리의 내용과 그것에 관한 확신을 먼저 가져야 합니다. 예수님께서 말씀하셨습니다. "진리를 알지니 진리가 너희를 자유롭게 하리라(요한 8장 32절)." 진리는 절대로 아는 것에서 머무르지 않습니다. 바르게 깨달은 진리는 필연적으로 인간의 삶을 내면으로부터 변화시킵니다.

이 교재의 내용은 그다지 광범위한 내용은 아닙니다. 하지만 기독교인으로서 알아야 할 가장 기초적이고 중요한 내용들이 들어 있습니다. 아무쪼록 이 교재의 공부를 통해서 진리를 알고 더 나아가 진리이신 주님을 더욱 깊이 만나시기를 바랍니다.

카비넌트교회 유재혁

차 례

들어가는 말 ___ 2

1. 성경이란 무엇인가? ___ 9

2. 하나님은 누구신가? ___ 19

3. 진화론은 어떻게, 왜 나왔나? ___ 29

4. 기독교와 종교는 어떻게 다른가? ___ 40

5. 죄란 무엇인가? ___ 50

6. 죽음의 의미는 무엇인가? ___ 60

7. 진리란 무엇인가? ___ 70

8. 복음이란 무엇인가? ___ 80

9. 구원이란 무엇인가? ___ 92

10. 구원을 위한 복음의 역할 ___ 103

11. 교회란 무엇인가? ___ 114

12. 말세와 종말, 심판과 천국 ___ 125

1. 성경이란 무엇인가?

워밍업 질문

"성경을 공부함을 통해서 어떤 도움을 받기를 원하나요?"

성경은 언제 누구에 의하여 쓰여졌는가?

기독교에서 하나님의 말씀으로 믿고 사용하는 성경은 다양한 역사와 시대 속에서 살았던 사람들에 의하여 쓰여졌다. 성경의 처음 다섯 권 즉 창세기부터 신명기까지는 모세가 썼으며, 성경의 마지막 책인 요한계시록은 예수님의 제자 중 하나였던 요한이 기록하였다. 모세는 기원전 1,400년경에 살았던 사람이고 요한은 서기 100년 가까이에 죽었으므로 구약과 신약의 모든 성경들은 약 1,500년에 걸쳐서 쓰여진 것이다. 구약은 39권으로 구성되어 있고 신약은 27권이며 약 40여 명의 저자들이 기록하였는데, 한 사람이 한 권을 쓴 경우도 있지만 모세나 바울처럼 여러 권을 쓴 경우도 있다. 저자가 분명하지 않은 책들도 있는데 예를 들자면 구약의 욥기나 신약의 히브리서 같은 책들이다.

성경의 원본은 존재하는가?

오늘날 우리가 읽고 있는 성경은 세계 여러 나라의 다양한 언어로 번역이 되어있고 지금도 성경이 전해지지 않은 부족들과 민족들에게 성경을 번역하여 보급하려는 노력은 계속되고 있다. 성경을 기록한 원래의 언어는, 구약의 대부분은 이스라엘의 언어인 히브리어(Hebrew)이고 신약은 로마 시대의 언어인 헬라어(Greek)다. 하지만 지금 성경의 원본은 남아 있지 않고 수 많은 필사본들 즉 원본과 사본들을 베껴서 기록한 성경들만 남아있다. 고대 사회에서 성경은 나무나 동물의 가죽 그리고 파피루스라는 식물을 쪼개어 그 위에 글을 쓴 것들이기 때문에 역사가 흐를수록 훼손이 불가피했으며 오랜 기간을 보존하기란 여간 어려운 일이 아니었다. 활자가 발명되기 이전 시대에는 성경을 사람의 손으로 직접 필사를 하였는데 이런 중요한 일들을 담당하던 사람들을 직업적으로 서기관이라고 불렀다. 성경의 원본이 존재하지 않기 때문에 어떤 사람들은 성경이 거듭 필사되는 과정에서 서기관들의 주관이나 실수에 의하여 많이 변경되었을 것이라고 주장하기도 한다. 하지만 이러한 주장을 뒤엎은 아주 역사적으로 획기적인 사건이 일어났다. 1946년을 시작으로 1956년까지 이스라엘 사해 바다의 북서쪽 해안에서 약 1마일 떨어진 동굴들에서 아주 오래된 구약 성경의 필사본들이 발견된 사건이 바로 그것이다. 이 구약 성경의 사본들은 2,000년 이상 동굴에 숨겨져 보존되어 왔던 사본들인데 나중에 사해 바다 근처에서 발견되었다고 하여 "the Dead Sea Scrolls 사해사본"이라고 이름이 붙여진다. 이 엄청난 사건은 기독교 학자들뿐 아니라 비기독교 학자들로부터도 엄청난 관심과 주목을 받게 되었다. 이들이 가진 가장 커다란 의문은 과연 이 사해사본이 지금의 구약 성경과 얼마나 일치하는가에 관한 것이었다. 얼마간의 연구 끝에 학자들은 사해사본과 현재의 구약 성경이 99%이상 일치함을 밝혀내었다. 그나마 작은 차이들도 필사한 서기관들의 경미한 실수였으며 성경의 원래 의미나 신학적인 해석에는 전혀 차이를 줄 수 없는 것들이었다. 이 획기적인 사건을 통해서 사람들은 하나님의 말씀인 성경이 하나님의 보호하심과 간섭하심의 섭리 안에서 그 내용이 원본 그대로 보전된 것을 확인할 수 있었다.

성경 전체의 놀라운 일관성

성경은 다양한 시대를 살았던 다양한 사람들에 의하여 쓰여졌지만 성경의 전체 내용에는 부인할 수 없는 놀라운 일관성이 담겨있다. 좀 더 자세히 말하자면 성경 전체의 내용들은 모두가 다 연결되어 있으며 그 속에는 서로 대립되거나 모순되는 내용이 하나도 없다는 사실이다. 이것이 놀라운 이유는 저자들이 서로를 거의 몰랐으며 각각 다른 시대와 장소에 살았음에도 불구하고 성경 속에는 마치 한 사람이 쓴 것 같은 일관성과 통일성이 들어 있기 때문이다. 이러한 사실은 비록 성경이 40여명의 사람들에 의하여 각기 다른 시대에 쓰여졌지만 근본적으로는 한 분 저자에 의하여 쓰여졌다는 것을 증명한다. 성경의 궁극적인 저자는 바로 하나님이시다. 성경은 하나님께서 직접 사람들을 부르시고 사용하셔서 쓰신 것이기 때문에 그 전체의 내용 중 하나도 서로 상충되거나 대립되지 않고 완벽한 일관성을 유지하고 있다.

디모데후서 3장

[16] 모든 성경은 하나님의 감동으로 된 것으로 교훈과 책망과 바르게 함과 의로 교육하기에 유익하니

[17] 이는 하나님의 사람으로 온전하게 하며 모든 선한 일을 행할 능력을 갖추게

하려 함이라

여기에서 "하나님의 감동으로 되었다"는 의미는 하나님의 영감을 받은 사람들이 그 영감의 인도하심에 따라 성경의 모든 말씀을 기록하였다는 뜻이다. 성경이 어떻게 기록되었는가를 알게 된다면 우리는 당연히 성경을 어떻게 대하여야 할지를 알게 된다. 성경의 말씀과 하나님의 말씀은 동일한 것이며 더 나아가 하나님은 당신과 말씀이 동일한 존재라고 하신다. 그러므로 우리는 성경의 말씀을 하나님을 대하듯 경외심과 신뢰의 마음으로 대하여야 한다.

요한복음 1장
[1] 태초에 말씀이 계시니라 이 말씀이 하나님과 함께 계셨으니 이 말씀은 곧 하나님이시니라

성경이 전하는 주된 내용

우리는 성경의 기록된 말씀을 통해서 하나님이 누구시며 어떤 분이신지를 알 수 있다. 또 더 나아가 이 세상과 인간에 대한 정확하

고 자세한 설명들을 세상을 창조하신 창조주로부터 직접 들을 수 있다. 우리는 성경을 통하여 세상이 어떻게 시작되었으며 우리 인간이 어떻게 또 왜 창조되었는지 알 수 있다. 성경은 인간의 근원과 존재 이유 그리고 인간의 미래의 운명에 대해서 확실하게 알려준다. 또한 성경은 인류 역사의 과거와 현재 그리고 미래에 대한 정확한 설명들을 제공한다. 따라서 성경은 '나'라는 작은 존재뿐 아니라 나를 둘러 싼 이 거대한 세상에 대한 객관적인 정보와 깨달음을 주는 진리의 책이다. 성경이 알려주는 중요한 진리들은 하나님의 존재와 그 분의 성품 그리고 능력, 세상의 기원, 인간의 기원과 존재 이유, 그리고 인간의 미래의 운명에 대한 설명 등이다. 또한 성경에는 인간의 삶에 대한 지침서가 들어 있다. 어떻게 사는 것이 옳은 것인지, 그런데 왜 인간은 옳은 길을 가지 못하는 것인지에 대한 설명도 들어 있다.

성경이 옳은지 아닌지 어떻게 알 수 있나?

성경의 말씀들이 옳은지 아니면 잘못되었는지를 알 수 있는 가장 확실한 방법은 무엇일까? 어떤 음식이 맛있는지 아니면 맛이 없는지를 알 수 있는 가장 확실한 방법은 그 음식을 직접 먹어

보는 것이다. 마찬가지로 성경의 말씀이 사실인지 아닌지를 알 수 있는 가장 확실한 방법도 그 내용을 직접 들어보고 스스로 생각해 보고 판단하는 것이다.

> **사도행전 17장**
>
> [11] 베뢰아에 있는 사람들은 데살로니가에 있는 사람들보다 더 너그러워서 간절한 마음으로 말씀을 받고 이것이 그러한가 하여 날마다 성경을 상고하므로

예수 그리스도의 죽으시고 부활하신 사건이 있은 후 바울이라는 사람이 예수님의 부르심을 받고 성경의 진리를 전파하다가 베뢰아라는 동네에 이르게 되었다. 바울은 이 베뢰아 사람들에게도 하나님의 말씀을 전파하였는데 이들은 그냥 무조건 말씀을 받아들이지도, 배척하지도 않았다. 이들은 바울이 전한 하나님의 말씀의 진위 여부를 스스로 공부하고 생각해 보면서 알아 보기를 원했다. 그 결과 많은 사람들이 진리의 깨달음을 얻고 구원에 이르는 믿음을 가지게 되었다. 이와 같이 성경의 말씀은, 생각도 제대로 하지 않고 무조건 믿거나 어떤 선입견을 가지고 거부할 것이 아니다. 진지한 마음으로 그 의미를 생각해보면서 성경의 말씀이 사실인지 아닌지를 알아가는 것이 중요하다.

성경을 깨달아야 할 이유

오늘날 많은 사람들은 기독교의 타락하고 세속화된 모습 때문에 하나님이나 성경 자체에 대한 거부감을 가지고 있다. 하지만 너무나 중요한 것임에도 불구하고 본인 스스로 알아보지 않고서 단지 다른 사람들의 모습 때문에 처음부터 거부한다면 이것은 스스로에게 너무나 손해가 되는 일이다. 한 가지 알아야 할 사실은 교회에 다니는 사람이라고 해서 모두가 다 하나님을 알거나 성경을 깨달았다고 할 수는 없다는 것이다. 마치 공항에 있다고 다 비행기를 타는 것이 아니듯이. 공항에 있는 사람들 중에는 비행기표를 가지고 비행기 탑승을 기다리는 사람도 있고 그렇지 않고 그냥 마중을 나온 사람도 있다. 마찬가지로 교회 안에는 성경을 깨닫고 천국을 향해 나아가는 사람들도 있고 그렇지 못한 사람들도 있다. 따라서 교회에 다니는 사람들의 모습이 마음에 안 든다고 하나님과 성경을 그냥 거부하기보다는 스스로 알아보려는 시도를 하는 것이 훨씬 더 현명한 일이다. 왜냐하면 성경의 말씀은 인간의 중요한 문제들에 대한 절대적인 해답을 갖고 있기 때문에 그것을 알 기회를 놓친다는 것은 너무나 크고 돌이킬 수 없는 실수가 될 것이기 때문이다.

성경에는 인간이 반드시 알아야 할 아주 중요한 것들에 대한 진짜 정보들이 들어 있다. 앞으로 우리는 성경을 바탕으로 기독교의 근본적인 가르침들을 공부함을 통해서 인간이 반드시 알아야 할 중요한 것들을 접하려고 한다. 오늘날의 가장 커다란 비극은 사람들이 정말로 중요한 일들에 관하여 너무나 무지하고 무관심한 채 살아가고 있다는 사실이다. 우리는 앞으로의 공부를 통하여 성경이 전하는, 인간이면 반드시 알아야 할 중요하고 근본적인 사실들과 진실들을 깨달아 가기를 원한다. 이러한 과정을 통하여 우리는 성경이 진실을 담고 있는지를 알게 될 수 있을 것이다. 이미 믿는 사람들은 더 깊고 풍성한 깨달음을 얻을 수 있을 것이고 아직 믿지 않는 사람들은 믿음의 세계에 눈을 뜨게 되는 놀라운 계기가 마련될지도 모른다.

생각하고 나누기

1. 오늘 공부를 통해서 인상 깊거나 새롭게 다가온 내용이 있다면 어떤 것인지 나누어 봅시다.

2. 사도행전 17장 11절에 나오는 베뢰아 사람들의 말씀을 대하는 자세와 태도에서 배울 점은 무엇인가요?

3. 지금까지 성경을 읽고 공부하던 방식과 습관에서 좀 더 나아지기를 원하는 방향이 있다면 어떤 것인지 서로 나눔을 통해서 성경 공부를 향한 동기 부여의 계기가 되기 바랍니다.

2. 하나님은 누구신가?

> **워밍업 질문**

"하나님(또는 신)에 대한 생각이 가장 강하게 들 때가 있었다면 어떤 경우였나요?"

인간이 하나님을 알 수 있는 이유는 하나님이 스스로를 알려주셨기 때문이다

사람들은 세상에 신이 존재한다면 "이런 모습이실 것이다" 또는 "이런 모습이셔야 한다"는 각자의 주관적인 생각들을 가지고 살아간다. 크게는 세상의 이치나 자연을 관찰함을 통해서 또 작게는 인간 내면의 양심이나 사랑과 정의를 향한 갈망들을 통해서 사람들은 "신이 존재한다면 이런 모습이 아닐까"라는 생각들을 하게 된다. 그런데 신이 계시다면 그 신은 분명히 객관적이고 초월적인 모습을 가지고 계실 것이다. 그렇기 때문에 인간이 각자가

가지고 있는 신에 대한 주관적인 생각이나 상상은 맞을 수도 있지만 신의 실제의 모습과는 상당히 동떨어진 것일 수도 있다.

인간은 신의 진정한 모습, 즉 신이 어떤 분이신지 알 수 있을까? 좀 더 구체적으로 말하자면 기독교에서 하나님이라고 부르는 신의 진정한 모습은 어떤 모습일까? 하나님이 어떤 분이신지 알 수 있는 것인지 또 알 수 있다면 어떻게 알 수 있을까? 다행스럽게도 우리는 하나님이 누구시며 어떤 분인지를 진실되게 알 수 있는 길을 가지고 있다. 그 이유는 바로 하나님께서 당신의 진정한 모습을 우리 인간들에게 알려 주기를 원하셨고 또 그렇게 하셨기 때문이다. 하지만 그렇다고 하더라도 하나님이 진정으로 어떤 분이신지를 안다는 것은 그리 간단치가 않다. 가장 큰 이유 중 하나는 하나님의 존재를 우리 눈으로는 직접 볼 수가 없기 때문이다.

눈에 보이지 않는 하나님

성경은 하나님께서 지금 인간의 눈에 어떤 형상으로 보일 수 있는 분이 아니라 눈에 보이지 않는 영(Spirit)으로 계심을 알려 준다.

요한복음 4장

²⁴ 하나님은 영이시니….

그러므로 누군가가 하나님의 형상을 실제로 보았다거나 꿈에 나타났다고 말한다면 그것은 진짜 하나님이 아니다. 물론 하나님이 영원히 눈에 보이지 않는 존재로 계시지는 않는다. 이 세상이 끝나고 모든 인류가 각자의 삶에 대해서 하나님께 심판을 받는 그날 비로소 인간의 눈에 그 존귀한 모습을 나타내실 것이다. 그렇다면 이 눈에 보이지 않는 하나님을 인간은 어떻게 알 수 있고 또 만날 수 있을까?

눈에 보이는 하나님의 흔적

우리가 살고 있는 이 세상에는 눈에 보이지 않는 하나님의 존재를 짐작할 수 있는 눈에 보이는 흔적들이 무수히 널려 있다. 특히 자연의 오묘한 질서와 계절에 따른 변화 그리고 다양한 생물들의 정교하게 만들어진 특징들 속에서 이 모든 것들을 만드신 창조주의 손길과 능력을 알 수 있다. 만약에 어느 원시 부족에게 문명의 이기인 컴퓨터를 선물한다면 그들은 컴퓨터가 작동하는 모습을 통해서 그것을 만든 존재가 어떤 능력을 가졌을지 짐작할 수 있을 것이다. 만일 컴퓨터를 보고도 그것이 우연히 저절로 생겨났다고 믿는 원시인이 있다면 그는 너무나 무지한 생각의 소유자에 불과할 것이다. 하물며 컴퓨터와는 비교할 수 없는 세상과 우주의 정교한 질서와 조화 그리고 그 안에 있는 다양하고 무수한 생명체들을 통해서 이 모든 것들을 만드신 누군가가 반드시 존재한다는 결론에 도달할 수밖에 없다.

일반 계시(general revelation)와 특별 계시(special revelation)

자연과 그 안의 인간을 포함한 모든 생물들 그리고 우주는 모두가 창조주이신 하나님의 지혜와 능력의 흔적들이며 증거들이다. 이것을 하나님의 "일반적인 나타내심" 또는 "일반 계시(general revelation)"라고 부른다. 인간은 자연과 우주 그리고 그 안의 생물들의 존재를 통하여 하나님을 일반적으로 알 수 있다는 뜻이다.

> 로마서 1장
>
> [19] 이는 하나님을 알 만한 것이 그들 속에 보임이라 하나님께서 이를 그들에게 보이셨느니라

[20] 창세로부터 그의 보이지 아니하는 것들 곧 그의 영원하신 능력과 신성이 그가 만드신 만물에 분명히 보여 알려졌나니 그러므로 그들이 핑계하지 못할지니라

인간은 자연을 통해서만이 아니라 인간 내면에 담겨 있는 사랑과 정의에 대한 갈망 그리고 도덕적인 실패에 따른 죄책감을 통해서도 하나님을 인식하며 살아간다. 그 이유는 하나님의 형상이 하나님의 형상을 따라 만든 인간의 내면에도 남아 있기 때문이다. 또한 인간은 영원을 갈망하는 마음과 사후세계에 대한 막연한 생각과 두려움을 가지고 살아간다. 이러한 인간 내면의 하나님을 향한 인식과 갈망 그리고 두려움 등도 일반 계시에 속한다. 하지만 이러한 일반 계시들을 통해서 하나님을 알아나가는 것에는 한계가 있다. 그 이유는 이러한 일반적인 계시를 통해서 하나님을 어느 정도는 알 수 있을지 모르지만 구체적으로 알 수가 없기 때문이다. 그래서 하나님께서 당신을 구체적으로 알려 주시려고 인간에게 주신 것이 바로 성경이다. 이것을 하나님의 "특별 계시(special revelation)"라고 부르는데 그 이유는 하나님께서 성경의 말씀을 통해서 당신을 특별하고 구체적으로 알려 주시기 때문이다.

성경은 하나님에 대하여 어떤 구체적인 사실들을 알려 주는가?

첫째, 성경은 하나님이 모든 우주와 그 안의 모든 생명체를 창조하신 분이고 주인이심을 알려 준다.

창세기 1장

[1] 태초에 하나님이 천지를 창조하시니라

시편 24편

[1] 땅과 거기에 충만한 것과 세계와 그 가운데에 사는 자들은 다 여호와의 것이로다

성경은 하나님이 존재하는 모든 것들의 근원이 되시며 주인이심을 알려 준다. '나'라는 존재의 뿌리도 하나님이시며 진정한 주인도 하나님이시고 더 나아가 내가 궁극적으로 만나야 할 분도 하나님이심을 가르쳐 준다.

둘째, 성경은 하나님이 사랑이시라고 알려 준다.

요한일서 4장

¹⁶ 하나님이 우리를 사랑하시는 사랑을 우리가 알고 믿었노니 하나님은 사랑이시라 사랑 안에 거하는 자는 하나님 안에 거하고 하나님도 그의 안에 거하시느니라

인간이 그토록 갈망하면서도 발견하지 못하는 진정한 사랑이 바로 하나님께로부터 나온다고 성경은 말하고 있다. 그러므로 하나님을 알지 못하고는 진정한 사랑을 알 수가 없다. 하나님을 알게 되면 비로소 사랑을 알게 되고 더 나아가 진정한 사랑을 할 수 있게 된다.

셋째, 성경은 하나님이 정의의 하나님이심을 알려 준다.

미가서 6장

⁸ 사람아 주께서 선한 것이 무엇임을 네게 보이셨나니 여호와께서 네게 구하시는 것은 오직 정의를 행하며 인자를 사랑하며 겸손하게 네 하나님과 함께 행하는 것이 아니냐

하나님은 정의와 공평을 원하시며 그것들을 우리 인간의 삶에서 요구하신다. 또한 정의와 더불어 인자함과 겸손을 원하신다.

넷째, 성경은 하나님은 거룩하시다고 알려 준다.

베드로전서 1장
[15] 오직 너희를 부르신 거룩한 이처럼 너희도 모든 행실에 거룩한 자가 되라
[16] 기록되었으되 내가 거룩하니 너희도 거룩할지어다 하셨느니라

"거룩하다"는 것은 하나님께서 완전한 선과 정의를 가지고 계시며, 도덕적인 결함이 없음을 의미한다. 하나님은 선이시며 정의로우시고 또 정결하시다. 따라서 하나님은 죄가 전혀 없으시고 또 죄를 가까이 하지 않으신다. 그런데 이 하나님의 거룩하심은 인간에게는 아주 부담스러운 속성이다. 왜냐하면 하나님의 거룩하심은 인간의 죄를 더욱 부각시키기 때문이다. 따라서 하나님을 제대로 알아가는 사람은 하나님을 아는 기쁨과 자신의 상태를 깨닫는 고통을 번갈아 느끼게 된다.

하나님을 안다는 것은…

결론적으로 하나님은 인간이 가장 궁금해하는 질문들에 대한 해답이시다. 인간 존재의 근원에 대한 해답과 우주와 인간에 대하

여 우리가 알아야 하는 것들을 당신의 말씀을 통해서 알려 주시는 분이다.

　또한 하나님은 인간이 그토록 갈망하는 사랑과 정의의 참 모습이시며 동시에 인간이 저지르는 죄와 인생의 고통에 관한 이유를 설명해 주실 수 있는 분이다. 하나님을 모르는 상태로 있다가 인생을 마감하는 삶과 하나님을 깨닫게 되는 삶에는 극적인 차이가 존재한다. 이 공부의 과정을 계속 진행하면서 그 차이가 더욱 분명하게 깨달아질 수 있을 것이다.

생각하고 나누기

1. 오늘 공부를 통해서 인상 깊거나 새롭게 다가온 내용이 있다면 어떤 것인지 나누어 봅시다.

2. 시편 19편을 읽고 그 안에 나타난 일반 계시와 특별 계시에 대한 묘사들을 찾아봅시다.

3. 하나님의 속성과 인간의 속성이 닮은 점과 다른 점은 무엇인지 하나씩 나누어 봅시다.

3. 진화론은 어떻게, 왜 나왔나?

워밍업 질문

"진화론을 학교에서 배우면서 어떤 생각이 들었었나요?"

오늘날 많은 사람들은 진화론을 생명의 기원에 대한 타당한 설명으로 받아들이고 있다. 생명의 기원에 대하여 19세기 중반에 다윈이라는 한 과학자가 만들어 낸 이론이 어떤 사람들에게는 마치 정설인 것처럼 받아들여지고 있다. 이로 인해서 심지어 교회를 다니는 사람들조차도 때로는 혼란스러워 할 때가 있다.

진화론이란?

진화론은 영국에서 찰스 다윈이 1859년에 발표한 생명의 발생과 진화에 관한 하나의 학설이다. 진화론에 따르면 생명의 근원은 어떤 무기 물질이 무작위적인 화학적 반응에 의하여 아주 우연하게 유기 물질이 되었으며 여기에서 생명의 기본단위인 단백질이 생겨났다는 것이다. 이 단백질은 단세포 생물로 발전하고, 아메바에서 어류와 양서류 그리고 파충류와 포유류로 진화하였고, 결국에는 원숭이에서 사람으로 진화해서 인류가 생겨났다는 가설이다. 다윈은 자기 할아버지가 만든 초보적인 가설에 살을 붙여서 이것을 19세기 중반 유럽 사회에서 진화론으로 발표하였다. 다윈 자신도 처음에는 별다른 반응을 기대하지는 않았다고 한다. 하지만 의외로 이 진화론이 발표되자 서구의 일부 지식층들이 이것을 열렬히 환영하였으며 다윈의 기대보다 훨씬 더 크고 우호적인 반응을 불러일으켰다. 물론 진화론은 아직 어떤 실험을 통해서 그 가능성과 타당성이 한번이라도 검증된 적이 없는 가설인 상태이다. 오히려 19세기 프랑스의 화학자이며 생물학자인 파스퇴르는 하나의 생명체가 그 모태가 되는 생명체가 없이는 생겨날 수 없다는 "생명 발생설"을 발표함으로써 진화론이 주장하는 "자연발생설"을 정면으로 반박하였다. "생명 발생설"에 따르면 생명체는 반드시 그 생명체의 모체에서만 생겨난다고 한다. 이것은 생명체는 절대로 우연히 생겨날 수 없음을 주장한다.

진화론이 받아들여진 배경

이렇듯 진화론이 하나의 가설로서 받아들여지기가 불가능함에도 불구하고 지금까지 일부 지식층들 사이에서 마치 정설인 것처럼 받아들여진 배경에는 서구 사회의 역사적 그리고 사회적인 배경과 아주 밀접한 관련이 있다. 우리가 알듯이 서구 사회는 오랫동안 기독교를 바탕으로 한 유신론적 사회였다. 가톨릭이 종교를 넘어서서 정치와 사회에 깊숙이 관여하였기 때문에 신을 배제한 세상이란 중세의 유럽 사회에서는 도저히 상상할 수 없는 일이었다. 하지만 16세기에 와서 가톨릭은 엄청난 도전에 직면하게 되었다. 신의 이름으로 민중을 우매화하고 착취하는 가톨릭에 대한 사람들의 불만과 불신은 극에 달하였다. 심지어 돈을 내는 만큼 하나님으로부터 죄를 용서 받을 수 있다고 가르치며 면죄부를 팔기에 이르렀고 이러한 가톨릭의 타락과 부패는 결국 성경의 원래 진리로 돌아가자는 종교 개혁을 불러왔다.

16세기 초 루터를 필두로 교회 안에서는 종교 개혁이 일어났다. 교회 밖에서는 철학 사상과 과학 분야에서도 신을 두려워하며 신에게 얽매였던 이전의 종교적 세계관에 의한 지배에 대한 반작용들이 일어나기 시작하였다. 신이라는 이름으로 행해진 인간의 이성으로는 납득할 수 없었던 각종 불합리한 관행들, 또 당시에 발달하기 시작한 과학의 눈으로 볼 때 납득하기 어려운 유신론적 세계관에 대한 일부 지식층의 도전이 시작된 것이다. 하지만 사실 이들이 거부하려던 신의 형상은 성경 속에 나타난 신의 형상이라기보다는 부패한 중세의 교회가 만들어 낸 비뚤어진 신의 형상이었는데, 이를 향한 반란의 시도였다. 이후 수 세기에 걸쳐서 기독교적인 바탕 속에 지탱되어 왔던 서구 사회는 계몽주의, 합리주의, 이성주의 등의 새로운 시대적인 사조들의 출현과 더불어 마치 철옹성 같았던 유신론적인 세계관이 서서히 붕괴되기 시작하였다. 이들은 신을 배제하고 인간 이성과 과학을 바탕으로 한 새로운 세계를 건설하려고 시도하였다. 이러한 노력과 움직임들은 그 당시 종교라는 이름 아래에 눌려 있던 많은 지식 계층과 민중들의 호응을 얻기 시작하였다. 하지만 이들이 가질 수밖에 없었던 한 가지 커다란 딜레마는 바로 신의 존재와 역할에 관한 개념 정립이었다. 신을 바탕으로 했던 중세의 어두운 암흑기를 벗어나려고 신을 잠시 배제시키기는 하였지만 과연 세상과 그 안의 인간을 비롯한 생명체의 근원을 신과 연결시키지 않고는 설명할 길이 없었다. 바로 이러한 시대적 상황 속에서 다윈은 진화론을 발표하였으며 이 이론은 그 당시 신의 존재와 역할에 대한 개념 정립을 원했던 무신론적 성향의 지식층들의 딜레마를 완벽하게 해결해 줄 돌

파구처럼 보였다. 이들은 신을 완전히 배제한 상태에서의 세상을 생각하고 싶었지만 그렇게 할 수 없는 딜레마에 빠져 있었다. 바로 이런 시대적인 배경 속에서 다윈의 진화론은 이들의 딜레마를 완벽하게 해결해 줄 이론처럼 보였다. 이 이론이 나오자마자 독일의 철학자 니체는 "신은 죽었다"라는 무신론적 명제를 내어 놓기에 이른다.

신을 완전히 없애 버린 무신론적인 철학과 사상의 흐름은 그 뒤에 거침없는 행보를 하기 시작하였다. 신을 없애 버린 무신론적인 세계관을 받아들인 사람들은 신이라는 이름으로 주어졌던 도덕적인 삶의 틀을 벗어나 낭만주의라는 시대 사조를 만들었으며 이전에는 숨어서 짓던 부도덕적인 쾌락을 추구하는 삶을 공공연하게 드러내놓기 시작하였다. 더 이상 신의 눈치를 보거나 심판을 두려워할 필요가 없다고 주장하며 부도덕한 쾌락 추구의 삶을 자유연애라는 이름으로 전파하기 시작하였다. 하지만 신을 배제한 이들의 추구는 절대적인 의미와 목적을 상실한 허무주의에 봉착하게 되었다. 또한 영혼은 없고 물질만 남은 상태에서 인간의 노력으로 유토피아를 만들 수 있다는 이상은 공산주의를 만들기까지 이르렀다. 결국 진화론은 여전히 무신론적이며 과학 신봉적인 삶을 추구하는 오늘날의 사람들 사이에서도 지배적인 신념으로 자리를 잡고 있다.

진화론 중에서 긍정할 수 있는 부분은 없는가?

진화론의 주장들 중에서도 수용할 수 있는 부분이 있다. 예를 들자면 라마르크의 용불용설처럼 환경에 적응하는 과정에서 생명체의 기능이 발달하거나 퇴화한다든지 또는 모양이나 색깔이 변한다든지 하는 진화는 인정할 수 있는 부분이다. 인간의 경우에도 수많은 세월을 거치면서 진화의 흔적들이 남아 있다. 인류 최초의 조상인 아담과 하와로부터 나온 인간은 삶의 지역이나 환경에 따라 각기 다른 인종들로 변하였으며 같은 인종 속에서도 세월이 흐름에 따라 인간은 그 모양이나 신장에 변화가 있어 왔다. 하지만 종과 종을 넘나드는 진화는 불가능하다는 것이 과학적인 정설이다. 이때까지 종과 종을 넘나드는 변화의 증거는 어디에서도 찾아볼 수 없었다. 즉 원숭이가 사람이 될 수는 없는 것이다. 만약 진화론이 사실이라면 생명체는 지금도 진화의 과정 중에 있어야 하고, 특히나 원숭이가 사람으로 진화했다면 지금도 원숭이와 사람 중간 단계의 과정을 거치고 있는 많은 형태들의 유인원들이 존재해야 할 것이다. 하지만 그런 중간 단계의 생물은 존재하질 않는다. 물론 생명의 근원이 우연발생적이라는 것은 과학적으로 도저히 설명하거나 증명할 수 있는 것이 아니다.

진화론이 가지는 문제들: 모든 것이 우연이라면?

진화론은 창조주의 존재를 부정하며 이 우주와 지구 그리고 그 안의 모든 생명체들이 우연히 발생했다는 가설이다. 이 가설을 받아들일 경우 창조론을 받아들이는 것보다도 훨씬 더 많은 문제들이 생기게 된다. 그 중의 몇 가지 예를 들어보기로 하자.

1) 태양과의 일정한 간격을 두고 공전과 자전을 하며 우주의 수많은 은하계 속을 떠돌고 있는 지구가 일정한 속도와 방향을 유지하고 있다는 사실이 모두가 우연일 확률이 얼마나 될까?

2) 앞에서도 말했지만 진화가 종을 넘어서 발생하였다면 지금도 종과 종 사이의 진화 과정에 있는 생명체들이 있어야 할 것인데 실상은 전혀 그렇지 않다. 예를 들자면 원숭이와 사람 사이의 진화 과정 중에 있는 생명체는 존재하지 않는다.

3) 어떤 열대어들은 원색에 가까운 몸 색깔들을 지니고 있으며 좌우가 색깔별로 정확한 대칭을 이루는 모양을 하고 있다. 이것을 우연이라고 할 수 있을까?

4) 진화론을 받아들이게 되면 인간은 절대적인 도덕이나 선악의 기준을 상실하게 된다. 약육강식의 동물 세계와 인간을 구별하는 기준은 인간 스스로가 만들어 낸 것이 되기 때문에 언제라도 바꿀 수 있는 기준들이 된다. 그렇다면 인간 양심에 내재된 도덕과 선악에 대한 본능적인 잣대를 어떻게 설명할 수 있을까? 인간의 노력으로 이러한 내재된 양심이나 선악의 개념을 없앨 수 없다는 사실은 무엇을 의미하는가?

5) 진화론에 따르면 인간은 단지 우연히 태어나 일정 기간을 살다가 영원히 사라지는 존재에 불과하다. 영원한 목적도 의미도 없는 삶을 살다가 가는 우연의 부산물일 뿐이다. 이런 인생 속에서 진정한 삶의 의미를 추구한다는 것 자체가 어떤 의미가 있을까?

6) 인간의 삶을 좌우하는 것은 눈에 보이는 것들이기보다는 오히려 눈에 보이지 않는 것들의 힘이 훨씬 크다. 예를 들면 사랑,

미움, 인정 받고 싶은 욕망, 수치감 등의 원초적인 감정들이 인간의 삶의 상당 부분을 지배한다. 이런 눈에 보이지 않지만 분명히 존재하는 갈망들은 어디서 온 것일까? 생명체의 우연한 발생과 진화가 이러한 영적인 부분도 만들고 발전시켰을까?

성경은 영적인 세계가 분명히 존재하며 이 눈에 보이는 세상을 움직이시는 창조주 하나님이 분명히 존재한다고 알려 주고 있다.

히브리서 11장

[3] 믿음으로 모든 세계가 하나님의 말씀으로 지어진 줄을 우리가 아나니 보이는 것은 나타난 것으로 말미암아 된 것이 아니니라

눈에 보이는 세계와 그 안의 오묘한 질서와 섭리는 바로 눈에 보이지 않는 창조주의 존재와 능력에 관한 너무나도 명백한 증거들이다.

로마서 1장

[20] 창세로부터 그의 보이지 아니하는 것들 곧 그의 영원하신 능력과 신성이 그가 만드신 만물에 분명히 보여 알려졌나니 그러므로 그들이 핑계하지 못할지니라

진화론의 허구를 비유하자면

진화론은 모든 생명체가 우연히 만들어지고 변화의 과정도 우연히 겪다가 인간도 만들어지게 되었다는 것이다. 이것은 마치 아프리카의 원시인이 비행기에서 떨어진 라디오를 주워서 만지고 소리를 듣다가 "과연 이것이 어디에서 왔을까?"라는 의문을 가지게 되지만 "이것은 하늘에서 먼지들이 부딪혀서 우연히 만들어진 것이야"라고 결론을 내리는 것과 같다. 만일 우리 문명인이 원시인이 내린 결론을 듣는다면 뭐라고 말할까? 너무나도 무지하고 터무니없다고 말할 것이다. 그렇다면 라디오라는 단순한 기계도 만든 사람이 당연히 있는데 이 복잡하고 광활한 우주와 그 안의 온갖 생명체 그리고 인간을 만드신 창조주가 계심은 너무나도 당연한 것이 아닐까?

생각하고 나누기

1. 오늘 공부를 통해서 인상 깊거나 새롭게 다가온 내용이 있다면 어떤 것인지 나누어 봅시다.

2. 진화론이 허구이며 하나님의 창조가 사실임을 증명하는 예를 하나씩 나누어 봅시다.

3. 진화론이 너무나 허무맹랑함에도 불구하고 오늘날 너무나 광범위하게 받아들여지는 이유는 무엇인지 하나씩 나누어 봅시다.

4. 기독교와 종교는 어떻게 다른가?

워밍업 질문

"기독교가 다른 일반 종교와 어떻게 다른지를 한 가지씩 이야기해 봅시다."

종교다원주의

어떤 사람들은 기독교를 여러 종교들 중 하나라고 생각한다. 결국 신은 하나지만 그 동일한 신을 찾는데 다양한 종교들이 있다는 주장이다. 이것을 "종교다원주의"라고도 하는데 그 뜻은 인간의 구원은 한 종교에 국한된 것이 아니라 다양한 종교를 통해서 가능하다는 주장이다. 이 주장에 따르면 불교, 힌두교, 이슬람교 그리고 기독교 등 여러 종류의 종교들이 결국에는 하나의 신을 향하는 제각기 다른 길이라는 뜻이다.

인간에게 내재된 종교성

인간의 영혼 속에는 신과 영원한 내세를 향한 원초적인 갈망이 들어 있다. 또한 인간은 무언가를 의존하고 숭배하면서 자신의 정체성을 확인 받으려는 본능을 가지고 살아간다. 이 숭배의 원초적인 본능을 종교성이라고 부르기도 한다. 하지만 인간이 종교성의 본능을 가진 존재라고 해서 모두가 다 종교인의 삶을 추구하지는 않는다. 어떤 사람들은 종교를 선택하여 그 종교가 제시하는 신의 존재와 그 가르침을 좇으면서 내재된 숭배의 갈망과 의존의 욕구들을 충족시키며 살아간다. 하지만 또 어떤 사람들은 종교가 아니라 이 세상에서 소중하다고 생각하는 것들을 숭배하고 의지하며 자신의 정체성과 존재의 안전성을 확보하려고 한다. 따라서 비록 무신론자라고 하더라도 숭배의 본능으로부터 자유로운 사람은 없다. 사람들은 돈이나 인정 받음 또는 권력이나 외모적인 매력 등의 추구를 통하여 자신의 정체성과 존재 가치를 확인 받으려는 노력을 끊임 없이 하면서 살아간다. 이러한 인간의 활동이 그 추구의 대상이 신이든 아니면 세상의 어떤 중요한 가치이든 모두가 인간에게 내재된 종교성으로부터 나온 것이다. 결론적으로 인간은 어떤 숭배의 대상을 통해서 자기 존재의 가치와 안전을 확보하려는 동시에 불안감으로부터 스스로를 보호하려는 본능을 가지고 살아간다. 물론 사람들마다 이 숭배의 대상은 제각각 다르다. 그 숭배와 추구의 대상이 어떤 신의 형태로 나타난 것이 바로 종교이다.

기독교는 여러 종교들 중 하나인가?

앞에서 말했듯이 신을 향해 나아가는 인간의 종교적인 모습들의 이면에는 인간 스스로에게 내재된 종교성이 작용하고 있다. 이러한 종교성은 역사 속에서 누군가를 절대적인 존재로 만들어서 숭배하려는 모습으로 나타났다. 훌륭한 성인들을 신격화하고 그들의 가르침을 따르면 마치 천국에 갈 수 있을 것이라고 믿는 종교의 형태들을 만들어 내었다. 예를 들자면 불교나 유교 같은 종교들은 부처나 공자 같은 역사 속에서 추앙 받았던 인물들을 신격화하고 그분들의 가르침을 체계화하여 역사 속에서 종교의 형태로 발전하게 된 것이다. 불교의 경우 부처는 스스로를 신이라고 말한 적이 없다. 그 분의 사상과 가르침은 훌륭할지 모르지만 부처님 또한 한 인간으로서 스스로 고행과 명상을 통하여 얻은 깨달음을 다른 제자들에게 가르쳐 주었을 뿐이다. 사실 부처는 자신을 추대하는 사람들에 의하여 신으로 추앙 받을 것이라는 사실을 모른 채 세상을 떠났을 것이다. 이렇듯 종교는 인간의 종교심이 만들어 낸 인간 역사의 산물이다. 하지만 기독교는 인간 스스로 만들어 낸 어떤 종교가 아니다. 기독교는 참 신이신 하나님께서 인간에게 다가오셔서 당신을 알려주신 것이다. 그러므로 기독교는 여러 종류의 종교들 중 하나가 아니며 만일 기독교가 종교라면 진정한 의미에서의 유일한 종교가 된다.

종교와 기독교 복음의 차이란?

세상 사람들의 일반적인 이해나 선입견과 달리 사람들이 만든 일반적인 종교들과 기독교는 근본적으로 완전히 다른 차이를 갖고 있다. 종교는 인간이 신에게 나아가려는 스스로의 추측과 노력이지만 기독교는 신이 인간에게 다가오셔서 분명하게 당신을 알려주신 것이다.

대부분의 종교와 기독교는 네 가지 면에서는 비슷한 공통점을 갖고 있다. 첫째, 대부분의 종교와 기독교는 신이 거룩하고 그 능력이 완전하며 불멸의 존재라는 것을 인정한다. 둘째, 인간은 불완전하고 죽음에 종속적인 존재라는 것이다. 셋째, 그러므로 신과 인간 사이에는 아주 커다란 차이와 간격이 존재하게 된다. 넷째,

따라서 대부분의 종교와 기독교는 불완전한 인간이 완전하신 신에게 받아들여지고 축복을 누리며 궁극적으로 천국에 이르기 위해서는 신과 인간 사이의 이 거대한 간격이 반드시 좁혀져야 한다고 믿는다.

이와 같이 종교와 기독교 사이에는 여러 가지의 공통점들도 있지만 한 가지 아주 극명한 차이점이 존재한다. 그것은 바로 누가 이 신과 인간 사이의 엄청난 존재적, 도덕적 간격을 좁히냐는 것이다. 종교는 신과 인간 사이의 간격을 인간의 노력을 통해 좁힐 수 있다고 가르친다. 그래서 인간은 스스로의 다양한 종교적 그리고 도덕적인 노력을 통해 이 간격을 좁히려고 시도한다. 그리고 이 간격이 좁아지면 좁아질수록 점점 더 신에게 인정받고 축복받고 궁극적으로 천국에 갈 확률이 높아진다고 믿는다. 반면에 기독교는 이 간격은 인간의 노력으로는 절대로 좁힐 수 없고 따라서 인간 스스로의 노력으로 신에게 인정받고 천국에 갈 사람은 아무도 없다고 가르친다. 그러므로 인간의 노력의 관점에서 보면 아무런 희망을 찾아볼 수 없는 것이 기독교이다. 하지만 기독교는 너무나 놀라운 은혜이다. 인간의 힘과 노력으로는 한 치도 좁혀질 수 없는 이 간격을 하나님께서 당신의 아들 예수 그리스도의 십자가의 희생과 죽음을 통해 완전하게 좁혀 주셨기 때문이다.

그 결과 하나님과 그분의 은혜를 믿는 사람들 사이에는 더 이상 분리의 간격이 존재하지 않는다. 이렇게 말할 수 있는 증거가 무엇인가? 그것은 믿는 사람들 안으로 들어오셔서 늘 함께하시는 하나님의 영 즉 성령님이 바로 그 증거이다. 영이신 하나님께서 믿는 사람들 안에 함께 계시므로 이제 더 이상 하나님과 인간 사이에 간격이 존재하지 않게 되는 것이다. 이 모든 놀라운 은혜가 인간의 종교적인 노력과 상관 없이 하나님의 은혜로 주어진 것이 기독교가 말하는 은혜의 구원이다. 그리고 바로 이 점이 기독교와 다른 일반 종교들 사이의 가장 커다란 차이이다. 종교는 인간이 어떻게 하느냐에 따라 신의 은혜가 주어진다고 믿는 것이라면 기독교는 신의 은혜와 구원이 나의 노력과 상관없이 이미 주어졌다는 사실을 믿음에서 출발한다.

에베소서 2장

[8] 너희는 그 은혜에 의하여 믿음으로 말미암아 구원을 받았으니 이것은 너희에게서 난 것이 아니요 하나님의 선물이라

[9] 행위에서 난 것이 아니니 이는 누구든지 자랑하지 못하게 함이라

기독교 전파의 역사

역사적으로 오래된 대부분의 종교들은 현재 수많은 추종자들이 있지만 그 지역적인 범위는 한정되어 있다. 불교나 힌두교 그리고 이슬람교 등은 비록 추종자들은 많지만 이러한 종교들이 뿌리를 내린 지역은 한정되어서 다른 지역으로의 전파에는 한계가 있어 왔다. 하지만 기독교는 이스라엘 지역의 유대인들을 중심으로 시작되었지만 역사 속에서 전 세계로 퍼져 나갔다. 따라서 기독교는 이스라엘의 종교가 세계화된 것이 아니다. 원래부터 하나님은 전 세계의 모든 민족들을 향해서 당신의 구원의 은혜를 베풀기로 작정하셨던 것이다.

예를 들면 이스라엘 민족의 원조인 아브라함에게 하나님은 이렇게 약속의 말씀을 하셨다.

> **창세기 22장**
>
> [18] 또 네 씨로 말미암아 천하 만민이 복을 받으리니….

여기서 네 씨란 아브라함의 자손으로 오실 하나님의 아들 예수 그리스도를 의미하며 천하 만민이란 모든 민족들(all nations)을 의미한다. 또한 하나님이 말씀하시는 복이란 구원의 복을 의미한다.

따라서 하나님은 처음부터 당신의 구원의 복이 이스라엘 백성을 넘어서서 온 세상의 모든 민족들에게 전파될 것을 계획하셨다. 그리고 그 계획에 따라 오신 예수 그리스도는 죽음에서 부활하신 후 하늘로 올라가시기 직전에 제자들을 모아 놓고 다음과 같이 말씀하셨다.

> **사도행전 1장**
> [8] 오직 성령이 너희에게 임하시면 너희가 권능을 받고 예루살렘과 온 유대와 사마리아와 땅 끝까지 이르러 내 증인이 되리라 하시니라

예루살렘에서 시작된 구원의 복음이 온 이스라엘 땅으로 번질 뿐 아니라 심지어 당신을 믿는 증인들을 통하여 땅 끝까지 이를 것을 미리 말씀해 주셨다. 지금 우리는 이 구원의 복음이 땅 끝에 거의 다다른 시대를 살고 있다.

기독교의 배타성과 포용성

세상의 많은 사람들은 기독교만이 유일한 진리라는 주장을 싫어한다. 기독교만이 진리라는 주장이 아마도 이들에게는 우월적

이고 배타적인 모습으로 비칠 것이다. 하지만 이것은 우리가 타협할 수 있는 부분이 아니다. 기독교인들이 기독교의 하나님만 유일한 참 신이라고 말하는 것은 인간의 주장이 아니라 하나님의 계시이기 때문이다. 하지만 동시에 기독교만큼 포용적인 종교도 없다. 어떤 배경이나 신분에 관계 없이, 세상적으로 착하거나 나쁘거나 관계 없이 누구든지 자신의 죄를 회개하고 예수 그리스도의 복음을 믿음으로 구원을 얻을 수 있는 진리의 길이기 때문이다. 왜냐하면 기독교의 구원은 인간의 노력 여부가 아니라 오직 하나님의 은혜로 주어지기 때문이다.

생각하고 나누기

1. 오늘 공부를 통해서 인상 깊거나 새롭게 다가온 내용이 있다면 어떤 것인지 나누어 봅시다.

2. 기독교와 종교의 차이점을 다시 한 번 나누어 봅시다.

3. 일반적인 종교의 목적과 기독교의 목적 중 공통점과 차이점은 어떤 것들일까요?

5. 죄란 무엇인가?

워밍업 질문

"죄에 대한 정의를 하나씩 나누어 봅시다. 죄란 _____ 이다."

죄와 기독교의 관계

기독교의 진리를 알려면 반드시 알아야 하는 것들이 있는데 그중의 하나가 바로 죄에 관한 사실들이다. 기독교가 믿고 전파하는 가장 핵심적인 내용은 십자가이다. 그런데 이 십자가의 사건은 하나님의 아들이신 예수 그리스도가 인간의 죄를 대신하여 하나님께 벌을 받고 죽으신 일이다. 그러므로 인간의 죄를 깨닫지 못하고는 십자가를 이해할 수 없다. 또한 십자가를 깨닫지 못하고는 기독교의 진리를 알 수가 없다. 왜냐하면 그리스도와 십자가가 기독교의 가장 핵심적인 진리이기 때문이다. 따라서 죄를 깨닫는 것이 기독교의 진리를 깨닫는데 필수적인 첫걸음이라고 할 수 있다. 이런 맥락에서 예수님의 제일 처음 가르치심은 바로 회개에 관한 것이었다.

> **마태복음 4장**
>
> [17] 이 때부터 예수께서 비로소 전파하여 이르시되 회개하라 천국이 가까이 왔느니라 하시더라

회개란 죄를 깨닫고 죄의 삶에서 돌이키라는 뜻이다.

그렇다면 죄란 무엇인가?

현대를 살아가는 일반 사람들의 죄에 대한 생각이나 개념은 사람들마다 조금씩 다를 것이다. 한 사람이 죄라고 생각하는 것을 다른 사람은 별로 그렇게 느끼지 않을 수도 있다. 살인이 죄라는 사실에는 대부분의 사람들이 동의할 것이다. 하지만 결혼한 사이가 아닌 사람들 사이의 성적인 행위를 어떤 사람들은 죄라고 여기지만 또 어떤 사람들은 개인의 취향과 선택이라고 생각하기도 한다. 그런데 중요한 사실은 죄의 근본적인 개념과 기준이 이렇듯

사람마다 다른 주관적인 기준에 의해서 정해지는 것이 아니라는 점이다. 무엇이 죄인지에 대한 객관적인 기준은 존재하며 이 기준은 바로 세상을 만드신 하나님에 의하여 이미 정해져 있다. 이 기준은 인간이 자기 주관으로 바꿀 수도 없고 바뀌어지지도 않는다. 비록 지금은 자신의 주관대로 살아가는 것이 가능한 것처럼 보일지 모르지만 언젠가 모든 인간은 이 죄의 절대적인 기준을 바탕으로 모든 인간을 심판하실 하나님 앞에 서야만 한다.

그렇다면 하나님은 무엇을 죄라고 하시는지 살펴보도록 하자. 먼저 하나님은 "죄란 하나님의 법을 어기는 것"이라고 하신다.

요한일서 3장

[4] 죄를 짓는 자마다 불법을 행하나니 죄는 불법이라

세상적으로 불법이란 세상의 권위들이 정한 규율들을 어기는 것이다. 가장 대표적인 예가 국가가 정한 정당한 법을 어기는 것의 경우이다. 이러한 국가의 정당한 법의 권위 또한 궁극적으로는 하나님께로부터 나온 것이다.

로마서 13장

¹ 각 사람은 위에 있는 권세들에게 복종하라 권세는 하나님으로부터 나지 않음이 없나니 모든 권세는 다 하나님께서 정하신 바라

² 그러므로 권세를 거스르는 자는 하나님의 명을 거스름이니 거스르는 자들은 심판을 자취하리라

또한 성경에서 말하는 죄란 하나님이 정하신 규범들을 어기는 것이다. 여기에는 인간의 하나님을 향한 피조물의 의무와 인간들 사이에서의 도덕적인 규범들이 있다. 하나님께서 우리 인간을 만드셨을 때 우리의 내면에 이러한 도덕적인 기준을 심어 주셨으며 우리는 이것을 양심이라고 부른다. 그러므로 죄란 하나님이 주신 양심을 바탕으로 깨달아지는 도덕과 선을 향한 삶의 실패를 의미한다. 하지만 인간의 양심조차도 죄로 인하여 손상된 상태여서 사람마다 서로 가진 양심의 기준이 다르고 따라서 객관적인 판단을 하기가 불가능하다. 그러므로 하나님의 말씀을 통하지 않고는 무엇이 죄인지에 대한 객관적이고 분명한 기준을 제대로 알 수가 없다. 이러한 혼란스러운 상황 속에서 하나님은 성경의 십계명으로 대표되는 율법을 주심으로 우리 인간이 살아야 할 삶에 대한 객관적인 기준을 제시하셨다.

따라서 십계명은 인간의 삶에 대한 하나님의 객관적인 기준인

동시에 우리가 어떻게 그리고 얼마나 하나님의 기준에 부합하지 못하는 죄의 삶을 살고 있는지를 보여 준다. 십계명을 통하여 알 수 있는 죄의 개념은 크게 두 가지다. 먼저 죄란 하지 말아야 할 것을 하는 것이다. 살인하지 말고 도둑질하지 말고 간음하지 말고 거짓말하지 말고 남의 것을 탐내지 말아야 하지만 이것들을 어기고 저지르는 것이 죄이다. 또한 죄란 해야 할 것을 하지 않는 것이다. 하나님을 하나님으로 알고 섬겨야 하는데 그렇지 못한 삶이 죄이고 또 안식일에는 하나님을 예배함으로 보내야 하는데 그렇게 하지 않는 것이 죄이다. 이렇게 볼 때 모든 사람이 죄를 지었고 또 짓고 있음을 깨달을 수 있을 것이다. 또한 죄 중의 가장 근본적이고 커다란 죄는 바로 하나님을 알려고도 하지 않고 또 그분을 영화롭게 하지 않는 것이라고 성경은 말하고 있다.

로마서 1장

[18] 하나님의 진노가 불의로 진리를 막는 사람들의 모든 경건하지 않음과 불의에 대하여 하늘로부터 나타나나니

[19] 이는 하나님을 알 만한 것이 그들 속에 보임이라 하나님께서 이를 그들에게 보이셨느니라

[20] 창세로부터 그의 보이지 아니하는 것들 곧 그의 영원하신 능력과 신성이 그가 만드신 만물에 분명히 보여 알려졌나니 그러므로 그들이 핑계하지 못할

지니라

[21] 하나님을 알되 하나님을 영화롭게도 아니하며 감사하지도 아니하고 오히려 그 생각이 허망하여지며 미련한 마음이 어두워졌나니

하나님을 알려고 하지도 않는 인간의 죄성 그리고 하나님을 두려워하지 않는 인간의 교만으로부터 모든 불법이 자행되는 것이다. 하나님을 모르고 하나님을 두려워하지 않기 때문에 인간은 자기 멋대로 하나님의 법을 무시하는 생각과 말과 행동을 한다. 따라서 인간의 죄의 뿌리는 바로 하나님을 향한 인간의 무지와 그분의 존재와 영광을 무시함에서 비롯된다.

죄의 결과는 무엇인가?

인간은 죄를 통해서 하나님으로부터 멀어지게 되었다. 죄 때문에 마음이 허망해져서 하나님을 알지도 않고, 알려고도 하지 않으며 또한 죄 때문에 거룩하신 하나님께 나아갈 수 없는 존재가 되어 버렸다. 결국 죄 때문에 인간은 불멸의 존재이신 하나님으로부터 분리되어 사망의 상태에 이른 것이다.

이사야 59장

² 오직 너희 죄악이 너희와 너희 하나님 사이를 갈라 놓았고 너희 죄가 그의 얼굴을 가리어서 너희에게서 듣지 않으시게 함이니라

죄로 인한 하나님과의 분리의 결과 죽음이 인간의 삶 속으로 들어오게 된 것이다.

로마서 6장

²³ 죄의 삯은 사망이요

하나님과의 분리가 왜 죽음인지 또한 죽음의 진정한 의미에 대해서는 다음 장에서 자세히 다룰 것이다. 왜냐하면 성경이 말하는 죽음의 정의와 사람들이 일반적으로 알고 있는 통상적인 개념 사이에는 커다란 차이가 있기 때문이다.

죄의 실제적인 힘

하나님과의 분리와 죽음을 가져온 죄가 인간의 삶에서 실제적으로 어떤 역할을 하는 것일까? 여기에 대해서 예수님은 이렇게

말씀하셨다.

> 요한복음 8장
>
> ³⁴ 예수께서 대답하시되 진실로 진실로 너희에게 이르노니 죄를 범하는 자마다 죄의 종이라

예수님은 인간이 죄를 지으면서 죄의 종 즉 노예가 된다고 말씀하셨다. 인간은 쾌락과 부당한 이득이라는 달콤한 유혹 때문에 죄를 뿌리치지 못하고 죄에 빠져들게 된다. 처음에는 스스로가 죄를 선택한다고 생각할지 모르지만 사실 이것이 착각이라는 것을 곧 알게 된다. 죄에 빠져들수록 나중에는 자신의 의지와 상관 없이 죄가 조종하는 대로 끌려 다니는 처지가 된다. 마치 마약이나 인터넷 중독에 빠진 사람들처럼 처음에는 자신의 의지와 선택으로 이런 행위들을 했을지 모르지만 결국에는 그렇게 하지 않고는 견디기 힘든 노예 상태가 된다. 더 나아가 처음에 느끼던 죄의식은 점점 더 무뎌지고 나중에는 자신이 저지르는 습관적이고 반복적인 죄를 하나의 당연한 일상으로 받아들이는 상태에 이르게 된다. 이것을 예수님은 죄의 힘에 인간이 지배 당하는 노예 상태라고 말씀하신 것이다. 처음에는 내가 죄를 선택하지만 결국에는 죄가 나를 노예처럼 끌고 다니게 된다는 사실이다.

하나님은 죄를 어떻게 여기시는가?

하나님이 죄를 얼마나 심각하게 여기시고 극도로 싫어하시는지를 잘 알 수 있는 두 가지 단어가 바로 십자가와 지옥이다. 거룩하신 하나님이 죄를 얼마나 끔찍이 싫어하시는지를 아주 적나라하게 보여 주신 곳이 바로 십자가이다. 십자가에서 하나님은 죄를 향한 당신의 진노를 끔찍한 죽음의 형벌로 보여 주셨다. 또한 동시에 죄인을 죄의 형벌로부터 구원하시려는 당신의 엄청난 사랑을 보여 주셨다. 십자가를 믿으면 자신의 모든 죄가 용서 받을 수 있지만 그렇지 않으면 십자가의 끔찍한 운명을 스스로 감당해야 한다. 십자가를 받아들이지 않은 영혼들이 스스로 죄의 값을 영원히 치러야 하는 곳이 바로 지옥이다. 지옥은 하나님으로부터 영원히 분리된 죄인들이 자신들의 죄에 대한 결과를 영원히 맛보아야 하는 곳이다.

생각하고 나누기

1. 오늘 공부를 통해서 인상 깊거나 새롭게 다가온 내용이 있다면 어떤 것인지 나누어 봅시다.

2. 미국의 여류 소설가 플래너리 오코너(Flannery O'Connor)는 자신의 작품 속에서 어떤 등장 인물을 통하여 이런 대사를 소개하였습니다. "예수를 피하려면 바로 죄를 피하면 된다." 이 말의 뜻을 서로 나누어 봅시다. 기독교와 죄는 얼마나 밀접한 관계가 있나요?

3. 오늘날 많은 전도 활동이나 설교의 가르침 속에서 죄에 대한 언급은 최소화하고 마치 하나님이 인간을 행복하게 해 주시려고 안달이라도 나신 것처럼 사람들에게 어필하려고 합니다. 죄에 대한 집중적인 가르침이 없이 복음을 전하는 것이 가능할까요? 그렇게 할 때 어떤 결과가 나타날까요?

6. 죽음의 의미는 무엇인가?

워밍업 질문

"죽음에 대한 정의를 한 마디로 내린다면, 죽음은 _____ 이다."

살아 있는데 죽었다?

기독교를 처음 접하는 사람이나 교회를 어느 정도 다닌 사람들도 종종 헷갈려 하는 것이 바로 죽음에 대한 개념이다. 예를 들어서 성경은 모든 인간이 하나님을 알고 거듭나기 전 상태에서는 죽은 상태라고 말한다. 하지만 인간은 하나님을 믿지 않더라도 여전히 살아 있지 않은가?

에베소서 2장

[1] 그는 허물과 죄로 죽었던 너희를 살리셨도다

비록 하나님을 믿지는 않더라도 현재 엄연히 살아서 숨을 쉬는 사람들을 성경은 죽었다고 말한다. 그렇다면 왜 성경은 이렇게 살아 있는 사람들을 죽었다고 말하는 것일까? 우리가 보편적으로 알고 있는 죽음의 개념은 숨이 멈춰서 정신과 육체의 활동이 정지된 상태를 말한다. 그리고 더 나아가 육신의 부패가 시작된 상태를 죽었다고 말한다. 하지만 성경은 엄연히 정신적 그리고 육체적 활동이 멈추지 않은 살아 있는 사람들을 죽음 가운데 있다고 이야기한다. 왜 그럴까? 죽음에 관해 사람들이 보편적으로 알고 있는 개념 이외에 또 다른 개념이 있다는 말인가?

죽음의 진정한 의미는 무엇인가?

성경에서 죽음이라는 단어는 최초의 인간인 아담을 향한 하나님의 경고의 말씀 가운데 가장 처음으로 등장한다.

> 창세기 2장
>
> [16] 여호와 하나님이 그 사람에게 명하여 이르시되 동산 각종 나무의 열매는 네가 임의로 먹되
>
> [17] 선악을 알게 하는 나무의 열매는 먹지 말라 네가 먹는 날에는 반드시 죽으

리라 하시니라

하나님은 최초의 인간인 아담과 하와에게 자유 의지를 주셨으며 또한 그들에게 에덴 동산의 모든 열매는 먹어도 되지만 선악과의 열매만큼은 먹지 말라고 하셨다. 만일 선악과를 먹음으로 하나님께 불순종하고 죄를 짓는 날에는 그들이 죽을 것이라고 경고하셨다. 하지만 이러한 하나님의 경고에도 불구하고 아담과 하와는 선악과를 따 먹었으며 그 죄의 결과 죽음이 그들에게 들어오게 되었다. 그렇다고 해서 아담과 하와의 숨이 당장 멎고 그들의 정신과 육체의 기능이 당장 정지한 것은 아니다. 아담과 하와는 그 뒤에도 수 백 년을 더 살았다. 그렇다면 왜 성경은 아담과 하와에게 죽음이 들어왔다고 하는가? 여기에 대해서 우리가 일반적으로 들어온 설명은 아담과 하와가 선악과를 먹은 뒤 당장 죽은 것은 아니더라도 노화와 죽음의 과정이 시작되었기 때문에 죽음이 들어 온 것이라는 주장이다. 하나님이 말씀하신 "반드시 죽으리라"는 경고는 영적으로는 당장에 죽고 육체적으로는 서서히 죽어감을 의미한다는 주장이다. 하지만 성경은 인간이 자연 상태에서 영적으로는 죽었고 육신적으로는 죽어가고 있다고 구별해서 말하지 않고 그냥 총체적으로 죽었다고 말한다. 그렇다면 죽음에 대한 하나님의 정의는 우리가 생각하는 죽음에 대한 정의와 차이가 난다는 결론을 내릴 수밖에 없다. 성경에서 말하는 죽음의 의미는 두 가지의 관점으로 이해할 수 있다. 첫째, 성경에서 말하는 죽음은 불멸성의 상실을 뜻한다. 성경은 불멸성 즉 하나님이 최초의 인간에게 주신 불멸의 생명을 상실한 상태를 죽었다고 부른다. 불멸성만이 진정한 의미에서의 생명이며, 죽음의 그림자가 드리워진 그래서 죽음을 향해 떠밀려 가는 상태는 이미 생명의 상태가 아니라 죽음의 상태라는 뜻이다. 예를 들자면 음식이 부패를 시작한 상태에서는 더 이상 건강에 유익한 음식이 아니라 건강을 해치는 상한 음식이 된다. 그 상함의 정도와 진척 상태가 얼마이든지 관계 없이 상한 음식은 더 이상 건강한 음식이 될 수 없다. 상한 음식이나 썩은 음식은 이미 건강한 음식의 상태를 상실한 것이다. 둘째, 또 다른 각도에서 죽음이란 불멸의 생명의 근원이 되시는 하나님과의 관계가 단절된 상태를 말한다. 인간은 죄를 통해서 하나님과의 관계가 끊어졌으며 그 결과 불멸성을 상실한 죽음의 상태에 놓이게 되었다.

죽음에 반대되는 생명의 의미는?

죽음이 하나님과의 관계의 단절로 주어진 불멸성의 상실이라면 생명의 진정한 의미는 무엇일까? 어떻게 하면 죽은 상태의 인간이 생명 상태를 회복하게 되는가? 불멸성의 생명을 잃고 죽음 가운데 놓이게 된 근본 원인과 문제의 해결을 통해서만 인간은 진정한 생명 상태를 회복할 수 있다. 끊어진 하나님과의 관계가 예수 그리스도를 통하여 다시 회복되어야만 진정한 생명 상태로 돌아갈 수 있으며 성경은 이것을 구원이라고 부른다. 구원 즉 영원한 생명 상태로의 회복은 오직 예수 그리스도의 십자가를 통한 죄의 용서와 그분의 부활을 통해서 주어지는 것이다. 그러므로 성경에서 말하는 진정한 생명 즉 영생이란 단순히 영원히 산다는 뜻이 아니라 영원하신 하나님과의 관계의 회복을 의미한다.

요한복음 17장

³ 영생은 곧 유일하신 참 하나님과 그가 보내신 자 예수 그리스도를 아는 것이니이다

영원한 생명은 영원불멸의 존재이신 하나님을 예수 그리스도를 통하여 알게 된 자들이 얻게 되는 결과적인 축복이다. 바로 이러한 맥락에서 하나님은 당신이 산 자들의 하나님이라고 하신다.

누가복음 20장

³⁸ 하나님은 죽은 자의 하나님이 아니요 살아 있는 자의 하나님이시라

하나님은 죄 가운데 죽은 자들을 당신의 아들의 죽으심과 부활을 통해서 살리셔서 그들에게 영생을 주시고 그들의 하나님이 되신다. 따라서 인간은 태어난 자연 상태에서는 죽음 가운데 있지만, 복음의 말씀을 듣고 믿음을 통해서 하나님의 자녀가 되면 다시 불멸성을 부여 받게 되어 진정한 의미에서 살아 있는 생명의 존재가 된다.

죽음이 존재의 소멸을 의미하는 것이 아니다.

종교를 믿지 않고 내세를 인정하지 않는 사람들은 일반적으로 죽음이란 그 존재의 기능이 정지하고 또 더 나아가 존재 자체가 사라지는 것이라고 생각한다. 하지만 성경은 인간 존재 자체는 영원하다고 가르친다. 비록 육신은 수명을 다하고 썩어지지만 그 영혼은 절대로 사라지지 않는 영원한 존재이다. 그러므로 하나님을 믿고 영생을 얻은 사람도, 또 그렇지 않고 사망 가운데 있는 사람도 그 영혼의 존재가 사라지지는 않는다. 하나님은 인간을 영원히 존재하는 존재로 창조하셨다. 영원한 존재인 인간은 모두가 다 하나님의 심판대 앞에 서게 되어 있다. 그 마지막 심판에서 모든 인간은 자신의 영원한 운명이 결정된다.

요한복음 5장

[28] 이를 놀랍게 여기지 말라 무덤 속에 있는 자가 다 그의 음성을 들을 때가 오나니

[29] 선한 일을 행한 자는 생명의 부활로, 악한 일을 행한 자는 심판의 부활로 나오리라

여기에서 말하는 선한 일은 선하신 하나님이 죄인을 구하시려고 구세주로 보내신 예수 그리스도를 믿는 것을 뜻한다. 어떤 크리스천들이 생각하는 것처럼 부활은 단지 믿는 자들만의 전유물이 아니다. 믿는 자들은 생명의 부활 즉 영원히 천국에서 살게 될 영광스럽고 신령한 몸으로 부활하지만 믿지 않는 사람들도 부활하여 영원히 존재한다는 사실에서는 다를 바가 없다. 단지 차이가 있다면 믿지 않는 자들의 부활의 몸은 하나님의 심판과 고통을 느낄 수 있는 몸으로의 부활이다. 따라서 믿는 자들만 영원히 존재하는 것이 아니라 믿지 않는 자들도 영원히 존재하기는 마찬가지이다. 문제는 어디에서 영원히 존재하느냐에 관한 것이다.

천국과 지옥

성경은 믿는 자들이 영원히 존재하는 곳이 천국이고 믿지 않는 사람들이 영원히 존재하는 곳을 지옥이라고 부른다. 천국과 지옥은 극과 극의 차이가 있지만 가장 근본적인 차이는 바로 하나님과 함께 하는 곳인가 아닌가에 달려 있다. 천국은 하나님과 영원히 함께 하는 곳이라서 산 자들이 거하는 곳이지만 지옥은 하나님과 영원히 분리된 죽은 자들이 자신들의 죄에 대한 대가를 영원히 치러야 하는 곳이다. 이런 맥락에서 성경은 지옥을 둘째 사망의 장소라고 부른다. 이 둘째 사망이란 불멸의 생명을 회복할 가망성조차 상실한 희망 없는 죽음의 상태를 말한다. 첫째 사망의 상태 즉 이 세상에서 살고 있는 동안에는 구원을 받을 수 있는 기회가 있다. 하지만 죽어서 심판을 받고 지옥에 들어가면 구원의 기회가 두 번 다시 주어지지 않는다.

요한계시록 20장

[13] 바다가 그 가운데에서 죽은 자들을 내주고 또 사망과 음부도 그 가운데에서 죽은 자들을 내주매 각 사람이 자기의 행위대로 심판을 받고

[14] 사망과 음부도 불못에 던져지니 이것은 둘째 사망 곧 불못이라

[15] 누구든지 생명책에 기록되지 못한 자는 불못에 던져지더라

둘째 사망이란 이미 죽은 자들이 영원한 죽음에 놓이게 되는 곳이다. 이 둘째 사망의 지옥이란 사망 가운데 있는 자들이 하나님과 영원히 분리될 곳이다.

생각하고 나누기

1. 오늘 공부를 통해서 인상 깊거나 새롭게 다가온 내용이 있다면 어떤 것인지 나누어 봅시다.

2. 사람들은 일반적으로 죽음에 대해서 생각하거나 이야기하기를 꺼려합니다. 하나님을 알기 전에 죽음에 대해서 고민해 본 적이 있나요? 어떤 생각들을 하였나요?

3. 예수님을 믿게 된 후로 이 땅에서의 죽음을 바라보는 시각이 어떻게 달라졌나요? 만일 갑자기 시한부 인생을 선고 받는다면 어떻게 반응할 것 같은가요?

7. 진리란 무엇인가?

워밍업 질문

"세상 사람들이 진리에 관한 정의를 내린다면 아마도 이렇게 말할 것이다. 진리란 _____이다."

빌라도의 심오한 질문

예수님이 십자가에 못 박혀서 죽임을 당하시도록 판결을 내렸던 로마의 총독 빌라도는 예수님과의 짧은 만남 속에서 예수님께 이런 질문을 던졌다.

요한복음 18장

[38] 빌라도가 이르되 진리가 무엇이냐 하더라

빌라도의 이 질문에 예수님은 침묵으로 일관하셨다. 왜 그러셨을까? 그 이유는 아마도 빌라도가 진리를 알려고 하는 진정한 마음이 없음을 아셨기 때문일 것이다. 사람들이 진리라는 단어를 쓸 때는 주로 두 가지 의미를 염두에 두고 사용한다. 첫째, 사람들은 진리를 무언가 변하지 않는 법칙이라고 생각한다. 예를 들자면 콩 심은데 콩 나고 팥 심은데 팥 나는 것이 진리이고 물은 높은 곳에서 낮은 곳으로 흐르는 것이 진리이다. 수학적 법칙도 진리이고 사람이 반드시 죽는 것도 진리이다.

진리에 관한 두 번째 일반적인 개념은 사람들이 추구하는 실제적인 가치들이다. 예를 들면 성공, 돈, 자기 꿈의 성취와 그것에 도움이 되는 것들 등 자신의 행복과 안전에 직결된다고 생각하는 것들을 사람들은 자신의 진리라고 여기고 이것들을 추구하며 살아간다. 사실 현대인들은 진리라는 단어조차 잘 사용하지 않는다. 하지만 그렇다고 진리가 존재하지 않는 것처럼 살지는 않는다. 인간은 자신의 삶 속에서 각자가 가장 중요하게 여기고 추구하는 것들이 있는데 이런 것들이 삶 속에서 마치 진리인 것처럼 역할을 한다. 그러므로 현대인들에게 진리란 아주 상대적이다. 현대인들에게 진리란 개개인의 기호와 경험에 의해 형성된 가치관이며 이러한 가치관들은 사람들마다 서로 다르기 때문에 진리의 절대성이란 존재하지 않는다. 예를 들면 어떤 사람에게는 가족이 가장 중요한 가치이자 진리가 될 수 있고 어떤 사람에게는 돈이 가장 중요한 가치이자 진리이며 또 어떤 사람에게는 명예가 가장 중요한 가치이며 진리이다.

진리에 대한 생각이 없이 살아가는 인생

오늘날 바쁘게 살아가는 많은 사람들의 모습 속에서 우리는 종종 진리 자체에 관한 관심과 의문 자체가 실종된 것처럼 느껴진다. 그런데 인간이 진정한 진리에 대한 관심이나 추구가 없이 살아간다는 것은 너무나 이상한 일이다. 인간이라면 누구나 진리에 대해서 생각하고 그것을 발견하고 싶은 것이 정상일 것이다. 인간이 진리를 추구할 수밖에 없는 이유는 인생이 가져다 주는 피할 수 없는 의문들에 대한 답을 발견하고 싶은 본능을 가지고 있기 때문이다. '나는 어디서 왔는가? 나는 왜 사는가? 나는 어디로 가는 것일까? 만약 죽음이 끝이 아니라면 그 뒤에는 어떤 일들이 기다리고 있을까?' 등 인생은 그 자체가 의문투성이다. 이러한 의문에서 진정으로 자유로울 수 있는 인간이 있을까? 또한 이러한 의문에 대한 추구를 포기한 채 산다면 그것은 무엇을 의미할까? 물론 이유는 있을 것이다. 이런 의문들에 대한 답을 찾으려고 노력은 해 보았지만 별 성과가 없었고 오히려 인생만 더 복잡해진다고 결론지었을지 모른다. 또한 이런 질문과 씨름하다가 삶의 치열한 현장에 몰입할 수 없는 상태가 될까 두려웠을지도 모른다. 하지만 인간은 반드시 진리를 찾고 발견하고 깨달아야 한다. 왜냐하면 그냥 무시하고 넘어가기에는 진리의 실체와 그 파장이 너무나 절대적이고 중요하기 때문이다.

성경이 말하는 진리는 무엇인가?

성경에는 진리(truth)라는 단어가 자주 등장한다. 그렇다면 하나님께서 우리 인간에게 가르쳐 주시는 진리는 과연 무엇인가? 과연 진리의 진정한 의미는 무엇인가? 절대적인 진리는 존재하는 것일까? 물론 존재한다. 인간이 정말로 진리를 깨닫게 되면 진리 그 자체뿐 아니라 진리라는 말의 진정한 의미가 무엇인지도 동시에 깨달을 수 있다. 이 말은 진리를 깨닫기 전에는 진리에 대한 진정한 의미를 알 수 없다는 뜻이다. 사람들은 아주 다양하고 주관적인 의미로 진리라는 단어를 사용하지만 진정한 진리는 그 자체의 고유한 모습과 절대적인 의미를 가지고 있다. 그래야 진정으로 진리인 것이다. 그렇다면 과연 성경이 말하는 진리는 무엇인가? 성경이 말하는 진리는 크게 두 가지로 이루어져 있다. 먼저 성경의 진리는 인간이 처해 있는 현실에 대한 객관적이고 정확한 지식이다. 둘째로 성경의 진리는 그 상황에 대한 완벽한 설명뿐 아니라 그 상황의 본질적인 문제에 대한 완벽한 해결책이다. 이것을 풀어서 이야기하기 전에 한 가지 알아야 할 것이 있다. 진리란 결국 인간의 운명과 직결된다는 사실이다. 진리를 알면 생명을 얻을 수 있지만 진리를 모르면 파멸을 맞이할 수밖에 없다는 뜻이다. 제 3의 선택은 존재하지 않는다. 이것이 바로 진리가 절대적이어야 할 이유이다. 그러므로 진정한 진리란 모두가 알아야 하고 정말로 알게 된다면 절대로 무시할 수 없는 어떤 절대적인 것이다. 그렇다면 이제 진리의 이러한 두 가지 측면을 자세히 살펴보도록 하자.

먼저 성경의 진리는 인간이 처한 세상에 대한 객관적인 상황 설명과 과거, 현재 그리고 미래에 대한 가장 정확한 정보를 제공하고 있다. 인류의 기원과 현재 상태에 관한 가장 객관적이고 정확한 설명을 해 준다. 더 나아가 인간이 직면한 운명 그리고 앞으로 다가 올 영원한 세계를 볼 수 있는 눈을 뜨게 해 준다. 진리는 지금 눈에 보이는 가시적인 현실 세계뿐 아니라 당장 눈에 보이지는 않지만 엄연히 존재하는 초월적인 영의 세계의 존재와 실체를 알려준다. 또한 진리는 인간이 처한 고통과 죽음 그리고 미래의 운명에 대한 진실들을 알려 준다. 성경은 하나님에 의하여 창조된 인간이 죄를 통하여 죽음의 상황에 놓여 있으며 바로 이러한 운명적인 상황 때문에 비참한 현실을 살아가고 있음을 알려 준다. 물론 모든 인간이 맞이할 최후의 현실에 대한 설명도 빠뜨리지 않고 알려 준다.

히브리서 9장
[27] 한번 죽는 것은 사람에게 정해진 것이요 그 후에는 심판이 있으리니

이 하나님의 심판은 모든 인간의 모든 죄에 대한 가장 철저한 심판이며 어느 누구도 스스로의 능력으로는 빠져 나갈 수 없는 파멸이다. 마치 망망대해의 풍랑 가운데 암초에 걸려서 서서히 침몰하는 배 안의 사람들에게 그들이 처한 현실과 다가올 결과에 대한 설명이 진리의 반쪽에 해당한다. 하나님은 이것을 사람들에게 알려 주기를 원하신다. 이렇듯 성경의 진리가 알려 주는 인간을 둘러싼 상황은 조금의 낙관도 허용하지 않는 무시무시한 현실이다. 하지만 성경의 진리는 여기에서 그치지 않는다. 여기까지는 진리의 반쪽에 불과하다. 그것이 다행스러운 것이다. 만약 진리가 인간을 둘러싸고 있는 객관적인 현실에만 관한 것이라면 차라리 모르는 편이 더 나을 것이다. 마치 불치의 병에 걸린 사람이 그것을

미리 안다고 해도 고칠 길이 전혀 없다면 오히려 모르는 채 살아가다가 죽는 것이 더 나을 수도 있는 것처럼. 하지만 감사하게도 하나님이 전하시는 진리의 나머지 반쪽은 이 무시무시한 인간의 현실에 대한 놀랍도록 완벽한 해결책에 관한 것이다. 바로 당신의 아들을 통해서 막다른 현실에 처한 채 파국을 향해 나아가는 인간을 구원하시려는 하나님의 계획이 진리의 나머지 반쪽이다. 놀랍게도 성경은 진리를 어떤 법칙이나 개념이 아닌 한 존재라고 알려준다.

유일한 진리 예수 그리스도

> 요한복음 14장
>
> 6 예수께서 이르시되 내가 곧 길이요 진리요 생명이니 나로 말미암지 않고는 아버지께로 올 자가 없느니라

어떻게 예수 그리스도가 진리가 되시는가? 왜냐하면 예수님만이 유일하게 인간이 처한 비참한 현실에 대한 올바른 설명과 더불어 완벽한 해결책을 주신 분이기 때문이다. 성경은 하나님의 진리의 말씀을 통해서 인간의 기원과 역사 그리고 현실과 미래에 관한

모든 알아야 할 것들을 가르쳐 준다. 하나님의 진리의 말씀이 인간의 모습으로 오신 분이 바로 예수 그리스도시며 이 분이 진리이시다.

> **요한복음 1장**
> ¹⁴ 말씀이 육신이 되어 우리 가운데 거하시매 우리가 그의 영광을 보니 아버지의 독생자의 영광이요 은혜와 진리가 충만하더라

예수님께서는 하나님의 말씀으로서 이 땅에 오셔서 인간의 죄와 사망의 비참한 상태 그리고 영원한 운명의 갈림길인 천국과 지옥을 알려주셨다. 또한 더 나아가 인간의 비참한 현실과 미래의 피할 수 없는 무서운 운명의 굴레를 벗어나서 지옥이 아니라 천국으로 갈 수 있는 길을 제시해 주셨다. 바로 당신이 비참한 상황 가운데 파멸을 향해 달려가는 죄인들의 구세주이심을 알려 주셨다. 따라서 그분은 진리이시고 동시에 생명이시며 또 하나님을 향하는 유일한 길이시다.

예수님은 마치 유능한 의사처럼 우리 인간의 망가지고 비참한 상태에 대한 정확한 진단과 함께 가장 완벽하고 확실한 처방을 내리신 분이다. 따라서 예수님은 단지 인간의 근본적인 문제에 대

한 어떤 해답만을 주시려고 오신 것이 아니라 당신 자신을 해결책으로 내어 주셨다. 더 나아가 예수님은 동일한 말씀을 통해서 우리가 어떻게 사는 것이 가장 올바르고 의미가 있게 사는 것인지를 가르쳐 주신다. 예수님의 진리의 말씀을 통해서 생명을 얻게 된 하나님의 자녀들은 이 동일한 진리의 말씀을 통해서 인간이 어떻게 하면 원래 창조된 모습을 회복하고 그 지은 바 된 목적대로 살아갈 수 있을지를 깨닫게 된다. 그리고 이러한 진리에 따른 삶은 세상으로부터의 진정한 자유를 가져다 줄 유일한 길이다.

요한복음 8장

[31] 그러므로 예수께서 자기를 믿은 유대인들에게 이르시되 너희가 내 말에 거하면 참으로 내 제자가 되고

[32] 진리를 알지니 진리가 너희를 자유롭게 하리라

크리스천은 이 진리를 알아버린 영혼이며 이 진리의 은혜와 능력으로 세상을 이기는 삶을 살아갈 수 있는 특권을 가진 존재이다.

생각하고 나누기

1. 오늘 공부를 통해서 인상 깊거나 새롭게 다가온 내용이 있다면 어떤 것인지 나누어 봅시다.

2. 진리의 두 가지 요소를 설명해 봅시다. 왜 예수님이 진리가 되시나요?

3. 정말로 진리를 알게 되면 삶에 어떤 변화가 나타날까요? 한 가지씩 예를 들어 봅시다.

8. 복음이란 무엇인가?

워밍업 질문

"복음이라는 단어를 들으면 주로 어떤 생각이나 느낌이 드나요?"

복음: 크리스천이면 당연히 알아야겠지만 여전히 잘 모르는 것

기독교의 가장 핵심적인 진리를 한 단어로 말하자면 바로 복음이다. 그런데 불행하게도 오늘날 교회 안에는 이 복음이 무엇인지를 모르고 신앙생활을 하는 사람들이 상당히 많은 것 같다. 기독교인이라면서 자신이 무엇을 믿는지를 다른 사람에게 제대로 설명할 수 없는 사람들이 꽤 많이 있다. 그런데 스스로가 남에게 설명할 수 없는 진리가 자신이 정말로 믿는 진리라고 할 수 있을까? 기독교의 가장 핵심이며 더 나아가 기독교의 전부라고도 할 수 있는 복음이 무엇인지를 설명할 수 없으면서 "나는 진리를 믿는 기독교인이다"라고 할 수 있을까? 기독교의 믿음은 복음이 무엇인지를 깨달음에서 시작한다. 그리고 복음의 은혜를 체험함으로 깊어지며 궁극적으로는 복음의 주체이신 예수님을 천국에서 만남으로 구원의 완성에 이르게 된다. 많은 사람들은 복음을 기독교인이 되는 기초 단계에서 접하는 어떤 지식쯤으로 생각한다. 하지만 복음은 단지 기독교의 기초가 아니다. 복음은 기독교의 기초인 동시에 기독교인의 삶을 지탱하며 완성하는 기독교의 전부이다. 그러므로 복음은 기독교의 시작과 과정과 그 완성 모두와 밀접하게 연결되어 있다. 따라서 기독교를 한마디로 정의하자면 복음이라고 할 수 있으며 사실 복음이 기독교 그 자체이다.

복음의 실체와 내용

그렇다면 복음의 실체는 무엇이며 복음의 구체적인 내용은 무엇인가? 우선 성경에서 복음을 구체적으로 설명하는 구절을 하나 살펴보자.

> **고린도전서 15장**
> [1] 형제들아 내가 너희에게 전한 복음을 너희에게 알게 하노니 이는 너희가 받

은 것이요 또 그 가운데 선 것이라

² 너희가 만일 내가 전한 그 말을 굳게 지키고 헛되이 믿지 아니하였으면 그로 말미암아 구원을 받으리라

³ 내가 받은 것을 먼저 너희에게 전하였노니 이는 성경대로 그리스도께서 우리 죄를 위하여 죽으시고

⁴ 장사 지낸 바 되셨다가 성경대로 사흘 만에 다시 살아나사

여기에서 보듯이 복음이란 단순하게 말해서 예수님의 죽으심과 부활하심이다. 다시 말하자면 복음은 예수 그리스도께서 십자가에서 우리의 죄를 대신하여 겪으신 죽으심과 하나님께 의로운 제물로 받아들여지신 부활하심으로 이루어져 있다. 이와 같이 복음은 예수 그리스도로만 가득 차 있다. 그러므로 이 예수로만 이루어진 복음 안에는 인간의 어떤 노력이나 공로가 들어 갈 자리가 없다.

바로 이 예수 그리스도의 죽으심과 부활하심으로 이루어진 복음을 통하여 하나님은 죄인들의 죄를 용서하시고 그들을 당신의 자녀로 받아 주신다. 그러므로 복음은 거룩하신 하나님과 죄인인 인간을 연결하는 유일한 통로이다. 이것이 무엇을 의미하는지 아는가? 하나님이 죄인인 인간을 용서하시고 받아 주시고 사랑하시

는 유일한 근거가 인간의 노력이나 성취에 따른 것이 아니라 오직 복음의 은혜에 의한 것이라는 뜻이다. 복음은 하나님의 은혜가 사람의 노력이나 열심에 달린 것이 아니라 오직 예수님이 이미 이루신 십자가의 공로에 달려 있음을 보여 준다.

종교와 복음의 완전히 차원이 다른 원리

복음은 스스로의 노력으로 하나님 앞에서 의로워지려는 인간의 종교적인 본능을 정면으로 부인한다. 종교적인 사람들이 살아가는 잠재된 기본 원리는, "나는 하나님의 법을 지킨다. 그러므로 하나님은 나를 인정하고 받아들이신다"이다. 하지만 복음은 완전히 다른 차원에서 작용한다. 복음의 잠재적 기본 원리는, "하나님께서는 나를 그리스도 안에서 이미 받아 들이시고 인정하셨다. 그러므로, 나는 하나님을 순종하고 섬긴다"이다. 종교적인 사람들은 하나님께 받아들여지기 위해 율법을 지키려고 노력한다. 하지만 결과는 오히려 하나님으로부터 멀어짐이다. 그 반면에, 복음을 믿는 사람들은 자신들이 하나님께 이미 받아들여졌다는 사실에 감사하여 하나님의 법을 지킨다. 이러한 근본적인 차이를 설명해 주는 구절 중 하나를 살펴보자.

로마서 4장

³ 성경이 무엇을 말하느냐 아브라함이 하나님을 믿으매 그것이 그에게 의로 여겨진 바 되었느니라

⁴ 일하는 자에게는 그 삯이 은혜로 여겨지지 아니하고 보수로 여겨지거니와

⁵ 일을 아니할지라도 경건하지 아니한 자를 의롭다 하시는 이를 믿는 자에게는 그의 믿음을 의로 여기시나니

⁶ 일한 것이 없이 하나님께 의로 여기심을 받는 사람의 복에 대하여 다윗이 말한 바

⁷ 불법이 사함을 받고 죄가 가리어짐을 받는 사람들은 복이 있고

⁸ 주께서 그 죄를 인정하지 아니하실 사람은 복이 있도다 함과 같으니라

여기서 의(righteousness)란 거룩하신 하나님 앞에 설 수 있고 받아들여질 수 있는 자격을 의미한다. 죄인인 인간이 하나님께서 인정하시는 의로움의 자격을 얻을 수 있는 길은 오직 하나밖에 없다. 그것은 스스로의 종교적이거나 도덕적인 노력이 아니라 오직 예수 그리스도의 복음을 통하여 하나님이 순전히 은혜로 주시는 의로움을 통해서만 가능한 것이다. 그러므로 이 의로움은 인간이 만든 의로움이 아니라 예수님을 통하여 믿음으로 주어진 의로움을 의미한다. 이 예수님의 의로우심이 주어진 믿는 자들은 거룩하신 하나님 앞에서 흠 잡을 데 없이 늘 받아들여지는 자녀와 같은 존

재가 된다.

하나님은 이런 놀라운 은혜를 당신의 아들의 십자가만을 통해서 우리 죄인들에게 베푸셨다. 하나님은 그럴 의무가 전혀 없으셨고 오히려 죄인들을 심판하고 처벌하셔야 했는데 그렇게 하시지 않고 오히려 구원의 은혜를 베푸신 것이다. 따라서 은혜란 "그렇게 하실 의무가 없으신 하나님께서 받을 자격이 없는 죄인들에게 일방적으로 베푸신 호의"라고 할 수 있다. 그리고 이 은혜가 주어지는 유일한 통로가 바로 예수 그리스도의 복음이다. 교회 안에는 이 복음의 은혜를 깨달은 사람도 있고 아직도 여전히 종교적인 삶을 살아가는 사람들도 있다.

물론 종교적인 사람이나 복음적인 사람이나 겉으로는 둘 다 하나님을 기쁘시게 하려는 삶을 살아간다. 둘 다 하나님의 법을 순종하려고 노력하며, 기도하고, 기꺼이 헌금을 하며, 또 가정과 교회에서는 좋은 구성원이 되기 위해서 힘을 쓴다. 그러나 이 두 사람은 근본적으로 극히 다른 동기를 가지고, 완전히 다른 마음으로 이런 일들을 힘쓰고 있다. 한 사람은 하나님께 인정 받으려고 노력하는 반면에 다른 한 사람은 하나님께 이미 인정 받았음에 감사해서 그렇게 살아가는 것이다. 하지만 진정한 신앙생활은 하나님으로부터 무언가를 얻어내려는 종교적인 노력이 아니라 이미 받은 복음의 은혜를 깨달아 감에 따른 당연한 반응일 뿐이다.

복음의 은혜가 지속적으로 받아들여지기 어려운 이유

우리 크리스천들은 복음을 통해서 구원을 받고 하나님의 자녀가 된 후에도 복음의 은혜를 자꾸 벗어나려고 하는 속성을 가지고 있다. 예를 들어서 하나님과 교회를 향한 노력이 부족하다고 느낄 때는 하나님도 자신을 인정하지 않으신다고 느낀다. 심각한 도덕적인 실패 때문에 더 이상 하나님께 받아들여질 수 없는 존재가 되었다고 느낄 때도 있다. 사실 많은 그리스도인들이 자신들의 거듭되는 삶의 잘못과 실패 때문에 하나님의 인정과 사랑이 더 이상 예전 같을 수 없다고 체념하는 마음으로 살아가고 있다. 그런데 이와 반대로 어떤 사람들은 자신의 노력과 열심을 하나님이 인정하시고 기뻐하신다고 느낀 나머지 그렇지 못한 사람들을 향해서 상대적인 우월감을 가지기도 한다. 하지만 불행하게도 이러한 모든 생각과 태도는 다 비복음적인 것들이다.

신앙생활에서의 이런 모습들은 예수님의 복음이 아니라 스스로의 노력이나 행동을 바탕으로 하나님과의 관계를 설정해 나가려는 시도들이다. 따라서 이러한 시도들은 사실 복음을 벗어난 것들이다. 기억하기 바란다. 하나님과 인간과의 관계의 핵심은 예수님의 복음이지 인간의 노력이 아니다. 물론 하나님은 우리가 죄를 지을 때 그것을 싫어하시고 또 때로는 사랑의 매를 대기도 하신다. 하지만 하나님과의 관계 그리고 그에 따르는 그분의 은혜와 사랑은 오직 복음을 믿는 믿음에 의해서만 주어진다. 우리의 체험은 시시각각 변하지만 그리스도 안에서 주어진 우리의 신분 즉 하나님의 자녀라는 의로운 신분은 절대로 그리고 조금도 변함이 없다. 이것이 복음을 통하여 주어진 하나님의 은혜의 절대성이다.

그러므로 우리는 늘 하나님과의 관계의 바탕을 복음에 두어야 한다. 인간의 노력이 아니라 전적으로 하나님의 은혜에 바탕을 두어야 한다. 그런데 왜 사람들은 이러한 비복음적인 잘못된 길에서 영적인 방황을 할 때가 많을까? 그 이유를 이렇게 설명할 수 있을 것이다. 이 세상의 좋은 것들은 대부분 노력을 통해서만 성취할 수 있는 것들이다. 그리고 또 어떤 특권을 성취하였더라도 노력을 게을리한다면 그것을 유지하기란 불가능한 것이 일반적인 상황이다. 예를 들어서 어떤 사람이 남들이 부러워하는 직장을 들어갔다고 가정해 보자. 그런 직장에 들어가기 위해서는 엄청난 노력과 남다른 자질을 갖추어야 했을 것이다. 하지만 한번 그 직장을 들어갔다고 해서 자신의 신분과 위치가 저절로 유지되지는 않는다.

자신에게 주어진 역할을 충실히 그리고 효과적으로 수행하지 못한다면 아마도 도태될 것이다. 그래서 직장을 들어가는 과정에서도 노력이 필요하지만 들어가서도 또한 노력을 기울여야 한다. 이 세상의 직장을 얻는 일과 그것을 유지하는 일에도 이렇게 힘든 노력이 필요한데, 하물며 하나님의 영원한 인정을 받는 의로운 자녀의 신분과 자격이 노력 없이 그냥 유지될 수 있다는 사실을 의심 없이 늘 받아들이기란 여간 어려운 것이 아니다. 왜냐하면 우리는 세상에서 이러한 대접을 받아 본 적이 거의 없기 때문이다. 거듭되는 실수와 실패에도 불구하고 자신을 늘 변함없이 인정하고 받아주는 사람은 거의 없을 것이다.

따라서 우리 믿는 사람들도 자신의 노력과 행동이 하나님의 기준에 부합하지 않는다는 사실을 잘 알고 있기 때문에 마음 한편으로 늘 하나님과의 관계에서 불안함을 느낀다. 비록 구원을 잃지는 않더라도 하나님의 인정과 축복 대신에 자신의 거듭되는 잘못으로 인해서 하나님이 벌을 주시거나 자신에게 실망하신 상태라고 생각하며 살아간다. 어떤 이들은 하나님을 섬기고 봉사의 일을 교회 안에서 열심히 하지만 그 근본적인 동기가 하나님의 은혜를 확신하고 감사하기 때문이라기보다는 오히려 하나님의 인정하심과 받아 주심의 은혜를 잃을까 봐 두려운 마음으로 그렇게 살아가기도 한다. 그런데 이렇게 살아가는 자신도 힘들겠지만 이러한 삶을 바라보시는 하나님도 너무나 안타까우실 것이다.

복음 안에 있는 사람에게는 두 가지가 불가능하다

복음의 은혜가 무엇인가? 바로 하나님께서 당신의 하나밖에 없는 독생자의 목숨을 내어 주시고 죄인을 구원하신 그분의 사랑이다. 우리는 이 은혜를 느낄 수 있는 요한복음 3장 16절의 말씀을 좋아한다; "하나님이 세상을 이처럼 사랑하사 독생자를 주셨으니 이는 그를 믿는 자마다 멸망하지 않고 영생을 얻게 하려 하심이라."

하나님은 복음 안에서 우리에게 더할 수 없이 크신 사랑을 주셨다. 바로 당신의 아들을 주신 것이다. 그것도 아낌 없이 그리고 기꺼이. 우리 죄인을 향한 하나님의 사랑의 깊이는 과연 어느 정도일까? 그것은 말로 할 수 없는 절대적인 사랑이다. 하나님께서 당신의 아들 독생자를 주신 것보다 더 크신 사랑은 있을 수 없다. 이 말은 하나님은 이미 우리 자녀들에게 당신의 가장 크신 사랑을 주셨다는 뜻이다. 이것을 정말로 깨닫고 믿을 수 있다면 우리는 우리 크리스천의 삶에서 두 가지 일이 불가능하다는 사실을 깨닫게 될 것이다.

첫째, 우리가 아무리 노력한다고 해도 우리는 하나님이 우리를 더 사랑하시도록 만들 수가 없다. 어떻게 당신의 아들을 주신 것보다 더 크신 사랑을 얻을 수가 있겠는가? 하나님이 당신의 아들을 통해서 이미 주신 것보다 더 큰 사랑, 더 큰 은혜, 더 큰 인정과 받아주심은 존재하지 않는다. 둘째, 더 놀라운 사실은 이것이다. 우리는 어떤 경우라도 하나님이 우리를 덜 사랑하시게 할 수도 없다는 사실이다. 왜냐하면 하나님의 사랑 즉 당신의 아들을 내어 주심을 통해서 보여 주신 사랑은 그 자체가 더 작아지거나 더 얕아질 수 없는 사랑이기 때문이다. 하나님은 오직 절대적인 사랑만 하는 분이시다. 이것이 우리에게 의미하는 것은 무엇인가? 그것은 우리의 노력이나 실패가 아무리 크더라도 하나님께서 우리를 더 사랑하시게 할 수도 또 덜 사랑하시게 할 수도 없다는 것이다. 복음 안에서 죄인들에게 주어진 하나님의 사랑은 절대적인 사랑이다. 절대적이라 함은 그 정도나 혜택이 어떤 조건 속에서도 변하지 않고 중단될 수 없음을 뜻한다. 이 복음의 은혜를 깨달아 갈수록 우리는 하나님을 향한 불신과 경계의 마음이 사라지게 된다. 다 이해할 수는 없지만 엄연히 현실이 되어버린 복음의 은혜와 사랑을 깨달아 갈수록 우리의 딱딱한 마음이 부서지고 차가운 가슴이 녹아 내리게 된다.

생각하고 나누기

1. 오늘 공부를 통해서 인상 깊거나 새롭게 다가온 내용이 있다면 어떤 것인지 나누어 봅시다.

2. 복음 안에서 주어진 하나님의 인정과 사랑이 인간의 직관이나 본능과 충돌하는 점은 어떤 것들이라고 생각하나요?

3. 자신과 하나님과의 관계적인 측면에서 여전히 비복음적인 생각이나 태도가 남아 있다면 어떤 것들인가요?

9. 구원이란 무엇인가?

워밍업 질문

"구원이라는 단어를 들으면 가장 먼저 무엇이 연상되나요?"

구원이라는 단어의 의미

구원(salvation)이라는 단어는 기독교인들이 가장 많이 쓰는 단어 중 하나이다. 우리는 "예수님 믿고 구원 받으세요." 또는 "언제 구원 받았습니다."라는 말을 종종 듣는다. 그렇다면 구원이라는 말의 진정한 의미는 무엇일까? 일반적으로 구원이란 예수 그리스도를 믿고 죄의 용서를 받은 사람이 하나님의 자녀가 되어 천국에 들어갈 자격을 얻는 것을 의미한다. 이제 구원이라는 단어의 뜻을 좀 더 구체적으로 살펴보도록 하자.

구원을 쉽게 말하자면 구출(rescue)이라는 뜻이다. 구출이란 위험하거나 좋지 않은 상황으로부터 벗어남을 뜻한다. 스스로 벗어날 수 없는 상황으로부터 남의 도움을 통하여 벗어나는 것이 구출이다. 마찬가지로 구원이란 혼자서는 빠져나올 수 없는 수렁 같은 상황에서 스스로의 노력이 아니라 남의 도움으로 위험을 벗어나 안전한 곳으로 옮겨짐을 의미한다. 또 구원의 또 다른 성경적인 의미를 살펴보자. 성경에서는 구원을 구속(redemption)이라는 말로도 표현한다. 이것은 신학적인 용어인데 쉽게 말하자면 원래 내 것이던 것을 빼앗겼다가 다시 그 값을 치르고 되찾아 오는 것을 뜻한다. 예를 들어서 전당포를 생각하면 쉽게 이해할 수 있을 것이다. 원래 자신의 소유였던 것을 되찾으려면 전당포에 그 물건의 값을 치르고 다시 찾아와야 한다. 원래 하나님의 소유였지만 죄와 사망 가운데 사탄의 지배에 놓여 있던 인간을 하나님께서 당신의 아들 예수 그리스도의 피의 값을 치르시고 다시 되찾으셨다. 이 하나님의 되찾으심을 구속 또는 구원이라고 일컫는다.

구출(rescue)과 구속(redemption)

하나님은 죄와 사망의 구렁텅이에 빠져서 스스로는 도저히 헤어나올 수 없던 죄인들을 구출하시려고 당신의 아들 예수 그리스도를 보내셨다. 예수님은 죄와 사망의 함정 가운데 빠져 있던 자들을 구출하셔서 하나님의 생명의 나라로 옮기셨다. 그리고 구원을 받은 백성들이 다시는 사망 가운데 빠져들지 않도록 만드셨다. 따라서 이것은 완전하고 완벽한 구출이다. 왜냐하면 한번 구원을 받은 자들은 하나님의 사랑과 은혜의 손에서 영원히 벗어날 수 없기 때문이다. 좀 더 자세히 이 구원의 과정을 살펴보자.

하나님은 인간을 원래 당신의 것으로 만드셨지만 인간은 하나님께 불순종한 죄를 통하여 하나님으로부터 벗어나 사탄과 죄의 종이 되어 버렸다. 그 결과 생명을 잃고 사망의 운명에 놓이게 된 것이다.

로마서 6장

[16] ····죄의 종으로 사망에 이르고·········.

죄 때문에 사탄이 조종하는 사망의 세상으로 팔려 간 인간을 하나님은 당신의 것으로 되찾아 오시려고 엄청난 대가를 치르셨다. 하나님은 당신의 하나밖에 없는 아들을 내어 주심으로 죄인을 구속하시는데 필요한 대가를 치르셨다. 당신의 잃어버린 자녀들을 되찾아 오시려고 원래 아들을 내어 주신 것이다. 이것을 성경은 구속이라고 일컬으며 바로 이 점에서 구속은 구원과 의미가 상통한다.

여기서 한 가지 우리가 깨달아야 할 아주 중요한 사실이 있다. 대부분의 사람들은 자신의 존재 가치가 어느 정도가 될지를 거의 날마다 확인하며 살아간다. 스스로도 확인하고 또 남으로부터도 확인 받으려고 한다. 그런데 하나님의 자녀가 된 자들의 존재의 가치는 거룩하신 예수 그리스도의 생명과 맞먹는다. 왜냐하면 하나님께서 이들을 구원하시려고 치르신 값이 바로 당신의 아들의 생명이기 때문이다.

구원의 일반적인 의미

일반적으로 구원이란 죄에 대한 하나님의 용서하심과 영원한 생명 주심의 은혜를 받았다는 뜻이다. 이러한 구원에는 인간의 노력이 들어갈 수가 없다.

에베소서 2장

⁸ 너희는 그 은혜에 의하여 믿음으로 말미암아 구원을 받았으니 이것은 너희에게서 난 것이 아니요 하나님의 선물이라

구원은 오직 하나님이 당신의 아들 예수 그리스도를 통하여 일방적으로 베풀어주신 십자가의 은혜를 통해서만 주어지며 여기에는 인간의 어떤 도덕적 혹은 종교적인 노력이 들어갈 자리가 없다.

구원의 확신

한번 구원을 받은 사람은 절대로 구원 상태에서 벗어나거나 하나님의 자녀로서의 신분을 잃을 수 없다고 성경은 말한다.

로마서 8장

³⁸ 내가 확신하노니 사망이나 생명이나 천사들이나 권세자들이나 현재 일이나 장래 일이나 능력이나

³⁹ 높음이나 깊음이나 다른 어떤 피조물이라도 우리를 우리 주 그리스도 예수 안에 있는 하나님의 사랑에서 끊을 수 없으리라

한번 은혜로 받은 구원은 영원한 구원이다. 그러므로 진정으로 구원을 받은 사람은 다시는 하나님과의 관계가 끊어질 수 없다. 이 엄청난 사실을 기뻐하고 감사함 가운데 살아감이 구원의 은혜를 누리는 삶이다. 비록 때때로 죄 때문에 넘어질 때도 있지만 하나님은 한번 구원하신 당신의 백성을 절대로 버리시거나 떠나시지 않는다.

요한복음 6장
[39] 나를 보내신 이의 뜻은 내게 주신 자 중에 내가 하나도 잃어버리지 아니하고 마지막 날에 다시 살리는 이것이니라

구원의 구체적이고 포괄적인 의미

앞에서 살펴보았듯이 일반적으로 구원이란 사망에서 생명으로, 이 세상에 속한 자들에서 하나님 나라의 백성으로 신분과 운명이 바뀜을 뜻한다. 이제 좀 더 구체적으로 구원의 포괄적인 의미들을 살펴보도록 하자. 포괄적인 의미에서의 구원은 한번에 이루어지는 거듭남만을 의미하는 것이 아니다. 성경에서 전하는 구원을 크게 세 가지로 구분해 볼 수 있는데 여기에는 칭의의 구원,

성화의 구원 그리고 영화의 구원이 있다.

칭의의 구원(justification)

칭의의 구원이란 죄인인 인간들 중에서 하나님께서 부르신 자들을 죄인이 아닌 "의로운 자라고 칭하신다" 즉 "의로운 자로 여기신다"는 뜻이다.

로마서 8장

[30] 또 미리 정하신 그들을 또한 부르시고 부르신 그들을 또한 의롭다 하시고 의롭다 하신 그들을 또한 영화롭게 하셨느니라

여기에서 의로움이란 거룩하신 하나님께 의로운 신분으로 설 수 있고 또 받아들여질 수 있는 자격을 의미한다. 죄 때문에 하나님과 멀어졌고 죽음 가운데 있던 영혼이 예수 그리스도의 십자가를 통해서 죄가 씻어지고 또 그 분의 부활을 통하여 영원한 생명이 주어져서 이제 하나님의 자녀가 된 상태가 의로움의 상태이다. 그러므로 칭의의 구원을 얻은 사람은 하나님의 자녀의 자격을 받은 상태이고 천국의 백성이 된 사람이다. 이 칭의의 구원에는 인

간의 역할이 전혀 들어가지 않는다. 이것은 오직 하나님께서 일방적으로 하신 일이다.

성화의 구원(sanctification)

성화의 구원이란 칭의의 구원을 받은 사람이 하나님이 원하시는 모습의 사람으로 변화되어 가는 것을 말한다. 칭의의 구원을 받는 순간 성화의 구원도 시작이 된다. 칭의는 받는 순간 이미 완성되지만 성화는 칭의를 얻는 순간 시작되어 완성을 향하여 나아가는데 그 과정은 평생을 통해서 이루어진다. 하나님을 아버지로 알게 된 자녀로서 사랑과 의를 추구하며 믿음을 가지고 죄를 멀리하고 하나님의 거룩하심을 닮아가는 삶의 과정이 성화의 구원이다. 성화의 구원에 관한 성경 구절을 한 군데 살펴보자.

빌립보서 2장

[12] 그러므로 나의 사랑하는 자들아 너희가 나 있을 때뿐 아니라 더욱 지금 나 없을 때에도 항상 복종하여 두렵고 떨림으로 너희 구원을 이루라

여기에서 두렵고 떨림으로 이루라는 구원은 성화의 구원을 말

한다. 왜냐하면 칭의의 구원은 인간이 어떤 노력으로 이룰 수 있는 것이 아니기 때문이다. 하지만 칭의의 구원이 전적으로 하나님이 하시는 것이라면 성화의 구원에는 인간의 순종과 노력이 필요하다. 물론 성화의 구원도 칭의의 구원과 마찬가지로 하나님이 주체이시다. 예를 들자면 사람이 운동을 해서 몸을 튼튼하게 만들려고 하면 반드시 음식을 섭취하여야 한다. 음식을 섭취하여야 운동도 가능하며 음식을 섭취하지 않고는 운동은커녕 생존 자체가 불가능하다. 마찬가지로 성화를 이루려고 인간이 아무리 노력하더라도 하나님께서 말씀의 양식과 성령의 능력을 공급해 주시지 않으면 아무런 소용이 없다. 오직 하나님께서 말씀과 성령을 주심으로 성화의 구원을 이룰 수 있다. 이 성화의 구원을 두렵고 떨리는 마음으로 믿음과 순종의 연습을 통해서 이루어 감이 구원의 은혜를 받은 당신의 자녀를 향한 하나님의 뜻이다.

영화의 구원(glorification)

영화(glorification)란 인간의 영혼과 육체가 죄를 영원히 벗어나 하나님의 영광을 닮은 몸과 영혼이 되는 것을 말한다. 영화의 구원이란 이 땅에서 이루어지는 것이 아니라 천국에서 이루어지는 것이다. 칭의의 구원으로 시작된 구원이 성화의 과정을 거쳐서 마침내 천국에서 영화의 구원으로 완성되는 것이다.

> 요한일서 3장
> ² 사랑하는 자들아 우리가 지금은 하나님의 자녀라 장래에 어떻게 될지는 아직 나타나지 아니하였으나 그가 나타나시면 우리가 그와 같을 줄을 아는 것은 그의 참모습 그대로 볼 것이기 때문이니

하나님의 자녀들은 나중에 하나님을 만나게 될 것이며 그 순간 하나님과 같은 신령한 몸을 갖게 되며 비로소 죄와 영원히 결별한 상태의 영광에 들어가게 된다.

결론적으로 말하자면

칭의의 구원은 죄의 저주로부터 해방되는 것이며 성화의 구원은 죄의 지배로부터 해방되는 것이고 영화의 구원은 죄의 존재로부터 해방되는 것이다.

생각하고 나누기

1. 오늘 공부를 통해서 인상 깊거나 새롭게 다가온 내용이 있다면 어떤 것인지 나누어 봅시다.

2. 나는 어떻게 자신의 구원을 확신하고 있나요? 아직 확신이 잘 안 든다면 왜 그런가요? (요한일서 5장 11~13절 참고)

3. 칭의의 구원과 성화의 구원은 어떤 상관 관계가 있으며 또 어떻게 다른가요?

10. 구원을 위한 복음의 역할

워밍업 질문

"자신의 현재의 삶에서 복음이 어떤 역할을 한다고 생각하나요?"

구원에 대한 복습

앞의 9장에서 우리는 구원에 관하여 살펴보았다. 죄를 용서받고 하나님께 자녀로 받아들여지는 칭의로 시작되는 구원은 이 땅에서 예수 그리스도를 닮아가는 성화의 구원을 거쳐서 나중에 천국에서 영원토록 하나님과 함께 영광을 누리는 영화의 모습으로 완성될 것이다. 이러한 구원의 각 단계를 죄와의 관계에서 설명하자면, "칭의의 구원은 죄의 저주로부터 해방되는 것이며 성화의 구원은 죄의 지배로부터 해방되는 것이고 영화의 구원은 죄의 존재로부터 해방되는 것이다."라고 앞 장에서 언급하였다. 이 말은 구원이 죄와 아주 밀접한 관계를 가지고 있음을 의미한다. 칭의의 구원을 받은 사람이 이 땅에 사는 동안에 하나님의 주도하에 이루어가는 구원이 성화의 구원이라면 성화의 구원은 바로 죄의 유혹과 지배로부터 벗어남을 뜻한다.

성화의 구원과 죄의 관계

성화의 구원이란 죄의 지배를 벗어나서 그리스도 안에서 의로운 삶을 사는 자유함의 상태로 나아감을 의미한다. 이러한 성화의 구원의 주체는 하나님이시며 그 통로는 바로 예수 그리스도의 복음이다. 성화의 구원을 향한 복음의 역할은 무엇인가? 복음은 우리가 어떤 죄를 가지고 있는지를 드러내며 그 죄를 제거하고 치유함을 통하여 하나님께서 주신 구원의 삶을 누리도록 만들어 준다.

죄에 대한 획기적인 정의

일반적으로 죄란 법을 어긴다거나 도덕적으로 실패함을 의미한다. 하나님의 주권 아래에서 그 역할을 수행하는 세상의 권위 즉 각 나라의 정부가 정한 합당한 법을 어기거나 하나님이 정하신 도덕적인 규범들을 어김이 죄이다. 그런데 예수님은 죄에 관한 더 깊은 의미를 가르쳐 주셨다. 예수님은 죄가 단지 어떤 법을 어김이 아니라 인간을 속박과 노예 상태로 집어 넣는 어떤 힘이라는 사실을 알려 주셨다. 요한복음 8장에서 예수님은 죄의 이러한 속성과 힘에 대하여 말씀하셨다.

요한복음 8장
[34] **예수께서 대답하시되 진실로 진실로 너희에게 이르노니 죄를 범하는 자마다 죄의 종이라**

이 말씀의 이해를 돕자면 죄가 어떻게 시작해서 어떻게 진행되는지를 살펴보아야 한다. 사람들은 죄를 저지르는 옳지 않은 선택을 한다. 죄를 안 지을 수도 있지만 죄를 짓는 쪽으로 선택을 하는 것이다. 그런데 처음에는 인간이 죄를 선택하는 것 같지만 시간이 지날수록 죄가 인간을 조종하고 지배하게 된다. 예를 들자면 거짓말, 도둑질, 음란물, 마약 등은 모두가 다 중독성을 가지고 있어서 한번 빠져들면 헤어나기가 힘들게 된다.

이러한 인간을 노예 상태로 옭아매는 죄의 가장 대표적인 것들이 바로 우상이다. 우리가 흔히 알듯이 손으로 만든 미신만이 우상이 아니라 사실은 인간이 하나님 이상으로 추구하는 모든 것들이 우상이다. 비록 그 대상 자체로는 나쁜 것이 아닐지라도 아니 심지어 좋은 것일지라도 이것이 자신의 삶을 하나님 이상으로 컨트롤한다면 그것은 우상이다. 예를 들자면 사람들이 가장 많이 추구하는 우상은 돈이나 성공 그리고 인정 받음 같은 것들이다. 사람마다 추구하는 우상의 종류는 제각기 다르지만 한 가지의 중요한 공통점은 바로 그것들에 관한 지나친 집착이다. 사람들은 이러한 우상들에게 너무나 집착하고 신경 쓰기 때문에 늘 자신의 삶의 생각과 감정이 이것들에게 끌려 다닌다. 물론 대부분의 사람들은 자신이 우상적으로 무언가를 추구하고 거기에 지배 당하고 있다는 사실조차 모르고 살아간다. 더욱이 크리스천들은 자신이 우상을 숭배하고 있고 또 그 우상에게 지배당하는 삶을 살고 있다고는 생각조차 하지 못하며 살아간다. 하지만 우상 숭배의 죄는 죄 중의 가장 으뜸되는 죄이다. 그래서 십계명의 첫 번째와 두 번째가 바로 우상에 관한 것들이다.

출애굽기 20장

[3] 너는 나 외에는 다른 신들을 네게 두지 말라

[4] 너를 위하여 새긴 우상을 만들지 말고 또 위로 하늘에 있는 것이나 아래로 땅

에 있는 것이나 땅 아래 물 속에 있는 것의 어떤 형상도 만들지 말며

⁵ 그것들에게 절하지 말며 그것들을 섬기지 말라

물론 앞에서도 언급했듯이 오늘날 사람들이 섬기며 지배 당하는 우상들은 과거처럼 나무나 금속으로 만든 신의 형상들은 아니다. 오늘날의 우상들은 각자가 가장 궁극적으로 갈망하며 추구하는 그 무엇이다.

성화의 구원에 있어서 복음의 역할

그렇다면 이제 이러한 죄들의 실제와 그것들을 향한 복음의 역할에 관해서 살펴보자. 복음은 먼저 우리 안에 뿌리 박혀 있으면서 행동으로 나타나는 죄들의 실체를 폭로시킨다. 복음은 빛이기 때문에 어두움 가운데 있어서 자신도 잘 모르고 있는 죄의 적나라한 모습들을 드러내서 우리가 그 실체를 깨닫도록 만들어 준다. 하지만 그냥 드러내주는 것으로 그친다면 오히려 괴로움만 더할 것이다. 그런데 복음의 놀라움은 이 드러난 죄들을 도려내고 그 자리에 하나님이 원하시는 새로운 생명이 자리 잡도록 만드는 것이다. 물론 이 과정이 하루아침에 일어나기보다는 서서히 진행

되는 경우가 대부분이다.

왜냐하면 그만큼 죄의 뿌리가 깊고 그것을 향한 우리 육신의 집착이 강하기 때문이다. 하지만 이러한 복음의 능력과 은혜를 통한 죄의 치료를 체험하는 사람에게는 성화의 구원이 일어나며 그것은 우리의 영혼이 어두움의 상태에서 밝음의 상태로 나아가도록 만들어 준다. 이러한 전이의 과정과 결과는 우리에게 실제적인 모습으로 나타난다. 육신의 질병이 나음으로 고통스러움으로부터 벗어나듯이 죄로부터의 해방은 죄가 가져다 주었던 영혼의 불안정과 고통 상태로부터 벗어나도록 만든다. 이전에 주된 감정이 걱정, 초조, 분노, 절망 등이었다면 복음으로 치유와 자유를 얻어 나가는 영혼은 점점 더 평강과 만족과 기쁨과 감사의 삶을 누릴 수 있는 영혼의 변화를 겪게 된다.

복음의 능력이 나타나는 실례들

복음이 이루어 가는 성화의 구원이 나타나는 실례들은 무수히 많다. 그 중에 대표적인 몇 가지 예를 들어 보도록 하자.

1) 인정 받음의 굴레에서 벗어남

사람들은 학교 성적, 좋은 직장, 멋있는 외모, 부의 축적, 자기 분야의 성공 등을 통해서 주위 사람들에게 인정 받고 자기 영광을 드러내고 싶어한다. 따라서 하나님을 섬기기보다는 인정을 받을 수 있는 조건들을 더 우선시하게 되며 심지어는 이런 조건들이 자신을 하나님보다 더 지배하도록 만든다. 심지어 하나님을 자신의 인정 받음을 위한 조건들을 이루어 주셔야 할 분으로 대하기까지 한다. 나를 향한 사랑을 내가 갈망하는 것들을 이루어 주심으로 증명해 달라고 요구하기까지 한다. 그런데 하나님은 이런 우리의 갈망들을 들어주심을 통해서가 아니라 오히려 들어주시지 않음을 통해서 우리의 비뚤어진 신앙과 세상을 향한 멈출 수 없는 의존적인 갈망을 고치신다. 하나님은 우리가 그토록 갈망하던 인정 받음에 대한 진정한 충족은 오직 하나님 안에서만 가능하다는 사실을 가르쳐 주신다.

인정 받음에 있어서 중요한 것은 누가 인정을 해 주느냐, 얼마만큼 인정해 주느냐, 또 언제까지 인정해 주느냐 등이다. 인정의 주체, 인정의 정도 그리고 인정의 지속성이 인정 받음의 가장 중요한 요소들이다. 이 중에서 하나만 빠져도 그 인정은 불안정한 인정이 되고 만다. 예를 들어서 아무리 대통령이 인정해 주어도 그 인정이 끝나버리면 그 다음은 추락이다. 하지만 복음 안에서 우리는 이미 이 세상의 주인이신 하나님으로부터 당신의 아들을 아낌 없이 내어 주시면서까지 우리를 구원하신 더할 수 없는 인정을 영원히 누리게 되었다.

이 하나님의 인정하심과 받아 주심의 진정한 의미를 깨달은 사람은 더 이상 세상의 인정에 목말라서 세상의 것들을 하나님 이상으로 추구하는 노예 상태에 머물지 않는다. 여기에 진정한 자유와 쉼이 있다. 더 이상 나 스스로를 증명하려고 몸부림치지 않아도 될 자유!!

2) 우월감이나 열등감에 사로잡힌 삶에서 벗어나려면…

많은 사람들은 열등감에서 벗어나려고 성취와 성공으로 스스로를 포장하려고 한다. 그리고 이런 노력이 성공을 거두면 그것은 쉽게 우월감으로 연결된다. 하지만 우월감과 열등감은 둘 다 영혼을 파괴시킨다. 우월감은 자신에 대한 과대망상으로 연결되며 열등감은 스스로를 짓밟히도록 만든다. 그런데 우월감과 열등감의 문제는 그 뿌리가 같다: 바로 자기 자신이다 (자기중심적 사고와 자기 연민). 그렇다면 우월감과 열등감의 문제는 어떻게 고침 받을 수 있나? 복음은 이것을 어떻게 고치는가? 먼저 복음은 우리가 너무나 몹쓸 죄인이어서 하나님의 아들이신 예수님이 십자가에서 대신 죽어 주셨음을 가르쳐 준다. 우월감이 설 자리가 없다. 반대로 복음은 하나님이 우리 같은 죄인을 너무나 사랑하셔서 당신의 하나밖에 없는 아들이신 예수 그리스도의 생명을 아낌 없이 내어 주셨다고 한다: 열등감이 설 자리가 없다. 복음은 우리에게 진정한 겸손과 진정한 자신감을 동시에 줄 수 있다.

3) 가면 뒤에 숨지 않아도 될 자유

인간은 대부분 자신의 본래 모습을 드러내기를 두려워한다. 그래서 눈에 보이는 옷이나 액세서리 그리고 세상적인 성공이나 돈 그리고 지위를 사용해서 자신을 가리려고 한다. 이러한 자기 가림은 어느 정도는 필요하지만 이것이 지나치게 되면 가면들의 노예 상태가 되어 버린다. 충분한 자기 가림의 가면이 없이는 남 앞에 나서기가 두려워진다. 가면에 지나치게 의존하는 사람은 가면이 벗겨질까 봐 또는 사람들이 자기의 실체를 알게 될까 봐 두려워서 원만한 대인 관계를 맺으며 사회생활을 해 나가기가 불가능해진다.

하지만 복음 안에서 하나님은 우리의 적나라한 모습을 다 아심에도 불구하고 있는 모습 그대로 우리를 받아 주시고 사랑하시고 당신의 자녀로 늘 인정하신다. 이것을 믿으면 믿을수록 가면에 의존하던 모습에서 벗어나 당당한 삶을 살아갈 수 있게 된다.

또한 남이 나를 무시하더라도 웃어 넘길 수 있는 여유가 생긴다. 하나님이 나를 인정하시고 받아 주셨는데 사람에게 무시당한다고 해서 별 대수로운 일이 아니기 때문이다.

4) 용서와 사랑이 가능할 자유

얼마나 많은 사람들이 용서하지 못하고 미움의 감옥에 갇혀 있는가? 그냥 시간이 지나고 상대방을 안 본다고 모든 기억과 상처가 사라지지는 않는다. 또한 매일 보아야 하는 가족이나 주위 사람들이라면 용서하지 못함의 덫과 상처는 더욱 클 수밖에 없다. 진정한 용서와 사랑은 단순히 망각하거나 회피한다고 되는 것이 아니다. 진정한 용서와 사랑은 상대방의 실수와 잘못에도 불구하고 그 사람을 전처럼 받아들일 수 있는 자유이다. 이러한 용서와 사랑은 인간의 노력으로 되는 것이 아니다. 오직 하나님의 용서와 사랑을 체험해 본 영혼만이 할 수 있는 일이다. 복음 안에서 우리는 남이 알고 내가 아는 이상의 모든 죄들을 용서받았다. 이 하나님의 용서와 사랑을 받고 그 은혜의 맛을 본 영혼은 이전에는 그토록 불가능했던 용서와 사랑이 점점 더 가능함을 체험하게 된다. 용서하지 않는 영혼은 미움의 감옥에 갇히게 되지만 반대로 용서할 수 있는 영혼은 사랑할 수 있는 자유를 맛보게 된다.

생각하고 나누기

1. 오늘 공부를 통해서 인상 깊거나 새롭게 다가온 내용이 있다면 어떤 것인지 나누어 봅시다.

2. 자신의 삶에서 현재 구원의 변화가 필요한 우상 섬김의 부분이나 얽매임의 삶이 있다면 어떤 것인가요? 또한 이런 부분에서 복음의 능력과 은혜가 어떻게 자유함을 줄 수 있을지 서로 나누어 봅시다.

11. 교회란 무엇인가?

워밍업 질문

"교회에 대한 정의를 한 가지씩 나누어 봅시다: 교회란 _____이다. 왜냐하면…."

우주적 교회(Universal Church)와 지역 교회(Local Church)

우리가 교회라고 말할 때 흔히 건물을 생각할 때가 많지만 사실 교회란 믿는 사람들의 모임을 일컫는 말이다. 이러한 믿는 사람들이 모인 교회에 관한 정의를 크게 두 가지로 볼 수 있다. 하나는 모든 시대와 지역의 성도들을 통틀어 이루어진 우주적 교회이다. 이 우주적 교회는 진정한 하나의 교회이며 나중에 천국에서 함께 하나님을 예배할 교회이다. 교회의 두 번째 정의는 일반적으로 교회라고 부를 때의 교회 즉 특정 장소에서 믿는 사람들이 모이는 지역 교회를 말한다.

신약 교회의 유래

신약의 교회는 예수 그리스도께서 주신 복음을 믿는 믿음을 바탕으로 세워졌다. 이 신약 시대의 교회는 구약 시대 하나님의 백성인 이스라엘의 모임에서 그 유래를 찾을 수 있다. 이 신약의 교회는 예수 그리스도를 믿는 믿음을 바탕으로 하는 공동체이다.

마태복음 16장

[16] 시몬 베드로가 대답하여 이르되 주는 그리스도시요 살아 계신 하나님의 아들이시니이다

[18] 또 내가 네게 이르노니 너는 베드로라 내가 이 반석 위에 내 교회를 세우리니 음부의 권세가 이기지 못하리라

여기에서 반석이란 그리스도 예수를 하나님의 아들이시며 구원의 주님으로 고백하는 믿음을 의미한다. 또한 교회의 주인은 바로 교회의 머리 되시는 예수 그리스도이시다.

골로새서 1장

[18a] 그는 몸인 교회의 머리시라

따라서 교회는 특정 개인의 사사로운 목적이나 세속적인 이익과 영광을 추구하기 위함이 아니다. 교회의 진정한 목적은 예수 그리스도를 믿는 믿음을 통하여 하나님의 영광과 나라를 추구함에 있다.

눈에 보이는 교회(Visible Church)와 눈에 보이지 않는 교회(Invisible Church)

때때로 우리는 '우리 눈에 보이는 모든 교회들이 하나님이 보시기에도 진정한 교회일까'라는 의문을 갖기도 한다. 사실 그렇지는 않다. 교회는 눈에 보이는 교회와 눈에 보이지 않는 교회로 구분이 된다. 눈에 보이는 교회란 말 그대로 눈에 보이는 모든 교회 안의 사람들의 모임을 부르는 말이다. 하지만 교회에 다닌다고 모두가 진정으로 거듭난 것은 아니다. 교회 안에는 정말로 성령으로 거듭난 사람도 있지만 그렇지 못한 사람도 있다. 따라서 진정한 의미에서의 교회란 정말로 영적으로 거듭난 사람들만의 모임이며 이 진정한 교회는 사람들의 눈으로는 명확하게 구분할 수 없지만 영적으로는 그 경계가 분명한 진짜 교회이다. 일반적으로 눈에 보이는 교회 안에는 이 진정한 교회에 속한 사람들과 그렇지 못한 사람들이 섞여 있다. 따라서 눈에 보이는 더 커다란 교회 안에 눈에 보이지 않는 더 작은 교회가 들어 있다고 말할 수 있다. 마지막 심판 때가 되면 이 두 종류의 차이가 분명히 드러나게 된다. 예수님은 양과 염소의 비유 속에서 이것을 말씀하신다.

마태복음 25장

[31] 인자가 자기 영광으로 모든 천사와 함께 올 때에 자기 영광의 보좌에 앉으리니

[32] 모든 민족을 그 앞에 모으고 각각 구분하기를 목자가 양과 염소를 구분하는 것 같이 하여

[33] 양은 그 오른편에 염소는 왼편에 두리라

[34] 그 때에 임금이 그 오른편에 있는 자들에게 이르시되 내 아버지께 복 받을 자들이여 나아와 창세로부터 너희를 위하여 예비된 나라를 상속받으라

여기에서 양이란 진정으로 믿음을 가진 하나님의 백성을 의미하며 염소란 교회라는 울타리 안에는 있지만 실제로는 하나님의 백성이 아닌 자들을 일컫는 말이다.

교회가 참된 교회가 되려면…

1) 복음의 순수성과 절대성

참된 교회의 가장 중요한 특징은 바로 복음의 진리가 있는 그대로 전해지는 곳이어야 한다. 교회는 동호회나 친목 단체가 아니다. 또한 교회는 성경을 자기 마음대로 해석하고 세상적인 관점으로 가르치는 곳이 아니다. 또한 복음은 세상적인 성공을 이루기 위한 수단이나 방편도 아니다. 교회는 예수 그리스도와 십자가를 중심으로 하는 진리의 공동체이다. 이 복음의 진리로 삶의 구원과 변화를 이루는 곳이 바로 교회이다. 지옥에서 천국으로 가는 믿음의 길을 전파하는 곳이 교회이다. 또한 세상의 죄와 욕심으로부터 벗어나 의로움과 하나님의 나라를 바라보도록 성화를 이루는 곳이 교회이다.

2) 성례

세례와 성찬은 교회의 가장 근본적인 의식이다. 세례는 새로운 교회 구성원을 받아들이는 절차이며 성찬은 구성원들이 믿음 가운데 있는지를 확인시켜 주는 의식이다. 참된 교회는 이 두 가지 성례를 성경적으로 지켜 나가는 곳이다.

교회가 하는 일들

1) 진리의 파수꾼의 역할

교회는 하나님의 말씀의 보물을 담고 보존하고 지키는 곳이다. 이 진리의 말씀이 변질되지 않고 있는 그대로 유지되고 전파되도록 하는 일이 교회가 하는 가장 중요한 일이다. 복음의 진리가 변질되거나 상실된 교회는 더 이상 진정한 교회가 아니다. 비록 건물과 십자가가 있고 사람들이 주기적으로 모일지라도 진리의 복음이 빠지거나 변질되면 더 이상 진정한 의미로서의 교회가 아니라 하나의 종교 단체로 전락하게 된다.

디모데전서 3장

[15] ……너로 하여금 하나님의 집에서 어떻게 행하여야 할지를 알게 하려 함이니 이 집은 살아 계신 하나님의 교회요 진리의 기둥과 터니라

2) 예배

인간은 하나님을 예배하는 예배자가 되기 위하여 지음을 받았다. 그러므로 예배는 인간의 본분이면서 특권이기도 하다. 예배를 통해서 인간은 자기 존재의 의미와 이유를 확인하게 되며 진정으로 드려지는 예배에 동참함을 통해서 참된 만족과 기쁨을

맛보게 된다. 예배에 대한 올바른 이해와 태도는 교회 생활에서 가장 중요하게 다루어져야 할 부분이다. 예배를 소홀히 하는 것은 하나님을 소홀히 여기는 것과 마찬가지라는 사실을 깨달아야 한다. 또한 예배란 단지 주일에만 이루어지는 것이 아니다. 사실은 믿는 자들의 삶 전체가 하나님께 드려져야 할 예배이다.

로마서 12장

[1] 그러므로 형제들아 내가 하나님의 모든 자비하심으로 너희를 권하노니 너희 몸을 하나님이 기뻐하시는 거룩한 산 제물로 드리라 이는 너희가 드릴 영적 예배니라

3) 교제

예수 그리스도의 십자가의 복음은 죄로 단절되었던 하나님과 인간 사이의 벽을 허물고 서로 관계를 맺고 교제를 누리는 삶이 가능토록 만들었다. 하나님과의 관계가 주어진 믿는 성도는 그분과의 교제를 통하여 삶의 인도와 위로를 받을 수 있는 특권을 가지게 되었다. 이러한 하나님과의 관계와 교제는 믿음 안에서 한 가족이 된 다른 형제 자매들과도 관계와 교제의 삶을 살 수 있도록 만들어 준다. 하나님과의 수직적인 관계와 교제는 그리스도 안에서 다른 지체들과의 수평적인 관계와 교제와 함께 이루어

진다. 따라서 풍성한 크리스천의 삶은 하나님과의 수직적인 관계와 그분의 사랑 가운데 맺어진 다른 지체들과의 수평적인 관계가 모두 충족될 때 열매를 맺을 수가 있다. 둘 중의 하나가 소홀하게 되면 그 나머지 관계도 영향을 받게 된다. 그래서 크리스천은 믿음 안에서 의미 있는 교제의 삶을 나눌 공동체가 반드시 있어야 한다.

에베소서 2장

[20] 너희는 사도들과 선지자들의 터 위에 세우심을 입은 자라 그리스도 예수께서 친히 모퉁잇돌이 되셨느니라

[21] 그의 안에서 건물마다 서로 연결하여 주 안에서 성전이 되어 가고

[22] 너희도 성령 안에서 하나님이 거하실 처소가 되기 위하여 그리스도 예수 안에서 함께 지어져 가느니라

4) 전도와 구제

교회는 죄인이 구원에 이를 수 있는 복음의 진리를 전파하는 곳이다. 믿지 않는 사람들에게 믿음의 길을 전파하려고 노력하는 곳이 바로 교회이다. 시대와 상황에 따라 전도의 모습은 달라질 수 있겠지만 전도라는 주님의 명령을 어떤 형태로든 수행해 나가는 것이 교회의 본분이다.

사도행전 1장

⁸ 오직 성령이 너희에게 임하시면 너희가 권능을 받고 예루살렘과 온 유대와 사마리아와 땅 끝까지 이르러 내 증인이 되리라 하시니라

또한 교회는 복음의 사랑으로 가난한 자들을 돕는 것에 힘써야 한다. 물질의 나눔을 통해서 하나님의 사랑을 나누는 것에 힘써야 한다.

5) 권면

권면이란 상대에게 필요한 진리의 따끔한 말을 사랑으로 하는 것이다. 우리 모두는 완벽과는 거리가 먼 존재들이다. 내가 잘 모르는 자신의 망가진 부분을 다른 사람들과의 사귐과 교제를 통해서 깨달을 수 있는 곳이 교회이다. 또 때로는 사랑의 마음으로 상대방에게 권면의 말을 전할 필요가 있다. 정죄하고 판단하는 마음이 아니라 세움과 회복을 입기를 바라는 사람의 마음으로 하는 영적인 조언이 권면이다. 권면을 한 마디로 정의하자면 "진실을 사랑의 마음으로 말해주는 것"이다.

잠언 27장(표준새번역)

⁵ 드러내 놓고 꾸짖는 것이, 숨은 사랑보다 낫다.

6 친구의 책망은 아파도 진심에서 나오지만, 원수의 입맞춤은 거짓에서 나온다

    종합적으로 교회란 복음의 진리를 믿는 믿음을 통해서 구원을 선물로 받은 하나님의 자녀들이 진리 가운데 성화의 삶을 살아가며 서로 사랑하고 함께 하나님의 나라를 이루어 가는 공동체이다.

생각하고 나누기

1. 오늘 공부를 통해서 인상 깊거나 새롭게 다가온 내용이 있다면 어떤 것인지 나누어 봅시다.

2. 눈에 보이지 않는 교회와 눈에 보이는 교회가 공존하는 가운데 생기는 갈등이 있다면 어떤 것을 예로 들 수 있을까요?

3. 교회에 대한 성경적인 인식을 통해서 나의 교회 생활에서 달라져야 할 부분이 있다면 어떤 것인가요?

12. 말세와 종말, 심판과 천국

워밍업 질문

"세상의 종말이라는 말에 대하여 어떠한 생각을 가지고 있나요?"

말세와 종말의 정의

말세와 종말은 언뜻 듣기에는 비슷한 의미처럼 들릴지 모르지만 그 의미는 서로 다르다. 말세는 예수님의 처음 오심(초림)과 다시 오심(재림) 사이의 기간을 의미한다. 따라서 우리는 지금 말세의 시대를 살고 있다. 반면에 종말은 세상의 끝이 임박한 때를 의미하며 이 종말의 때에 예수님의 재림 하심으로 이 세상은 그 막을 내리게 된다.

말세의 특징들

성경은 말세에 관한 여러 가지의 특징들을 알려 준다. 그중에 몇 가지를 살펴보자. 먼저 말세가 진행될수록 두드러지게 나타나는 사회적인 특징들이 있다.

> 디모데후서 3장
>
> [1] 너는 이것을 알라 말세에 고통하는 때가 이르러
>
> [2] 사람들이 자기를 사랑하며 돈을 사랑하며 자랑하며 교만하며 비방하며 부모를 거역하며 감사하지 아니하며 거룩하지 아니하며
>
> [3] 무정하며 원통함을 풀지 아니하며 모함하며 절제하지 못하며 사나우며 선한 것을 좋아하지 아니하며
>
> [4] 배신하며 조급하며 자만하며 쾌락을 사랑하기를 하나님 사랑하는 것보다 더하며
>
> [5] 경건의 모양은 있으나 경건의 능력은 부인하니 이같은 자들에게서 네가 돌아서라

디모데후서 3장에서 보듯이 말세로 갈수록 사람들은 점점 더 인간성의 타락이 현저하게 드러나게 될 것임을 알 수 있다. 인간의 존엄성은 점점 더 상실되고 돈과 쾌락을 주로 추구하는 사람들

이 늘어날 것이다. 신에 대한 관심은 점점 식어질 것이고 무신론이 늘어날 것이다. 또한 말세가 진행될수록 인간이 사는 지구의 환경이 낡아질 것이라고 성경은 예언하고 있다. 우리는 이미 지구의 환경이 파괴되고 기후의 변화가 불규칙적으로 나타나는 시대를 살고 있다. 지구 온난화, 오존층의 파괴, 산림의 사막화 등을 목격하고 있으며 과학자들은 이구동성으로 지금 인류가 획기적인 조치를 취하지 않는다면 지구는 그 순기능을 상실할 것이며 따라서 인류의 멸망을 자초할지 모른다고 경고하고 있다. 성경은 현재의 지구를 낡은 옷에 비유하며 하나님께서 새 옷 즉 새 하늘과 새 땅으로 바꾸실 것이라고 말하고 있다.

히브리서 1장

[10] 또 주여 태초에 주께서 땅의 기초를 두셨으며 하늘도 주의 손으로 지으신 바라

[11] 그것들은 멸망할 것이나 오직 주는 영존할 것이요 그것들은 다 옷과 같이 낡아지리니

[12] 의복처럼 갈아입을 것이요 그것들은 옷과 같이 변할 것이나 주는 여전하여 연대가 다함이 없으리라

"의복처럼 갈아입을 것이요"라는 말은 이 세상은 없어지고 새

하늘과 새 땅의 천국이 이루어질 것을 뜻한다.

> **요한계시록 21장**
>
> ¹ 또 내가 새 하늘과 새 땅을 보니 처음 하늘과 처음 땅이 없어졌고 바다도 다시 있지 않더라

또한 말세에는 교회적으로 많은 거짓 선생들과 거짓 선지자들이 나타날 것이라고 성경은 말하고 있다.

> **마태복음 24장**
>
> ¹¹ 거짓 선지자가 많이 일어나 많은 사람을 미혹하겠으며

말세에는 많은 거짓 선지자들이 교회 안팎에서 나타나서 잘못된 가르침으로 많은 사람을 속일 것이고 멸망의 길로 인도할 것이다. 이들은 오늘날 이단의 모습으로도 나타나고 또 기복신앙이나 인본주의 같은 변질된 복음의 형태로도 나타나고 있다.

예수님의 재림과 종말에 앞서서 반드시 나타날 일들

예수님의 재림과 종말이 있기 전에 나타날 특징들을 몇 가지 살펴보도록 하자. 첫째, 땅 끝까지 복음이 전파될 것이다. 예루살렘에서 시작한 복음이 예수님의 재림이 있기 전에 세상 전체로 퍼질 것이다.

사도행전 1장

8 오직 성령이 너희에게 임하시면 너희가 권능을 받고 예루살렘과 온 유대와 사마리아와 땅 끝까지 이르러 내 증인이 되리라 하시니라

둘째, 종말이 오기 전에는 예수님을 그토록 부인하던 이스라엘의 대대적인 회심이 일어날 것이다.

로마서 11장

25 형제들아 너희가 스스로 지혜 있다 하면서 이 신비를 너희가 모르기를 내가 원하지 아니하노니 이 신비는 이방인의 충만한 수가 들어오기까지 이스라엘의 더러는 우둔하게 된 것이라

26 그리하여 온 이스라엘이 구원을 받으리라

이방인의 구원이 충분히 이루어지면 그 다음에 이스라엘의 남은 자들이 대대적으로 예수께 나아오며 이들도 이방인들과 함께 구원을 얻을 것이다. 셋째, 종말이 임박하면 자칭 하나님이라고 하는 적그리스도가 나타날 것이다.

> **데살로니가후서 2장**
>
> ³ 누가 어떻게 하여도 너희가 미혹되지 말라 먼저 배교하는 일이 있고 저 불법의 사람 곧 멸망의 아들이 나타나기 전에는 그 날이 이르지 아니하리니
>
> ⁴ 그는 대적하는 자라 신이라고 불리는 모든 것과 숭배함을 받는 것에 대항하여 그 위에 자기를 높이고 하나님의 성전에 앉아 자기를 하나님이라고 내세우느니라

이 적그리스도의 힘과 영향력과 그 속임의 정도와 범위는 아주 대단할 것이다.

또한 종말 즉 예수님의 재림 바로 직전에는 해와 달과 별들 같은 하늘의 발광체들이 수명을 다하고 떨어질 것이다.

> **마태복음 24장**
>
> ²⁹ 그 날 환난 후에 즉시 해가 어두워지며 달이 빛을 내지 아니하며 별들이 하

늘에서 떨어지며 하늘의 권능들이 흔들리리라

30 그 때에 인자의 징조가 하늘에서 보이겠고 그 때에 땅의 모든 족속들이 통곡하며 그들이 인자가 구름을 타고 능력과 큰 영광으로 오는 것을 보리라

이러한 일들이 일어난 후에 예수님은 지구상 모든 사람들이 볼 수 있는 영광의 모습으로 이 땅에 다시 오실 것이다. 초림 때와 같은 나약하고 초라한 모습이 아니라 왕의 권위와 심판자의 준엄한 모습으로 재림하실 것이다.

심판과 상급

다시 오실 예수님은 이 세상의 모든 죽은 자들과 살아 있는 자들을 공의로 심판하실 것이다. 모든 죄와 불의에 대한 처벌을 내리실 것이며 믿는 자와 믿지 않는 자들을 모두 심판하실 것이다. 믿는 자는 십자가의 공로로 모든 죄 값이 이미 치러졌기 때문에 천국으로 들어가는 영광이 주어질 것이다. 하지만 믿지 않는 자들은 자신들의 죄에 대한 값을 영원한 고통 가운데 치러야 할 지옥으로 보내질 것이다.

요한계시록 20장

¹¹ 또 내가 크고 흰 보좌와 그 위에 앉으신 이를 보니 땅과 하늘이 그 앞에서 피하여 간 데 없더라

¹² 또 내가 보니 죽은 자들이 큰 자나 작은 자나 그 보좌 앞에 서 있는데 책들이 펴 있고 또 다른 책이 펴졌으니 곧 생명책이라 죽은 자들이 자기 행위를 따라 책들에 기록된 대로 심판을 받으니

¹³ 바다가 그 가운데에서 죽은 자들을 내주고 또 사망과 음부도 그 가운데에서 죽은 자들을 내주매 각 사람이 자기의 행위대로 심판을 받고

¹⁴ 사망과 음부도 불못에 던져지니 이것은 둘째 사망 곧 불못이라

¹⁵ 누구든지 생명책에 기록되지 못한 자는 불못에 던져지더라

여기에서 생명책이란 예수 그리스도를 믿고 영생을 얻은 자들의 이름을 기록한 책이다. 또한 불못이란 꺼지지 않는 유황불의 바다로 이루어진 지옥을 말한다. 믿지 않는 자들은 자신들의 죄에 대한 지옥의 심판을 받을 것이며 믿는 자들은 자신들의 행위에 대한 상급의 심판을 받을 것이다. 믿음의 열매를 쌓은 만큼 하늘의 상급이 주어질 것이다.

고린도전서 3장

¹³ 각 사람의 공적이 나타날 터인데 그 날이 공적을 밝히리니 이는 불로 나타

내고 그 불이 각 사람의 공적이 어떠한 것을 시험할 것임이라

¹⁴ 만일 누구든지 그 위에 세운 공적이 그대로 있으면 상을 받고

또한 이 상급의 심판 때 믿는 자들은 자신들이 하늘에 쌓아 둔 보물이 빛을 발하는 것을 보게 될 것이다.

마태복음 6장

¹⁹ 너희를 위하여 보물을 땅에 쌓아 두지 말라 거기는 좀과 동록이 해하며 도둑이 구멍을 뚫고 도둑질하느니라

²⁰ 오직 너희를 위하여 보물을 하늘에 쌓아 두라 거기는 좀이나 동록이 해하지 못하며 도둑이 구멍을 뚫지도 못하고 도둑질도 못하느니라

마침내 눈에 보여질 천국의 실체

모든 사람들에 대한 주님의 심판이 끝나면 마침내 그동안 말씀으로만 알려졌던 천국이 그 화려하고 찬란한 실체를 드러낼 것이다.

요한계시록 21장

¹ 또 내가 새 하늘과 새 땅을 보니 처음 하늘과 처음 땅이 없어졌고 바다도 다시 있지 않더라

² 또 내가 보매 거룩한 성 새 예루살렘이 하나님께로부터 하늘에서 내려오니 그 준비한 것이 신부가 남편을 위하여 단장한 것 같더라

이 천국에서 이전 세상의 모든 고통과 슬픔은 사라지고 영원한 기쁨과 영광의 시대가 시작될 것이다.

생각하고 나누기

1. 오늘 공부를 통해서 인상 깊거나 새롭게 다가온 내용이 있다면 어떤 것인지 나누어 봅시다.

2. 이번 공부에 비추어 볼 때 현재 나타나고 있는 말세와 종말의 징조들을 나누어 봅시다.

3. 세상의 마지막에 일어날 일들을 알고 의식하며 살아가는 믿음은 현재의 나의 삶에 어떤 영향을 미칠까요?

쉽고 명쾌한
기독교의 기본교리

초판 1쇄 발행 2025년 7월 10일

지은이 유재혁
교정교열 강은숙
디자인 류은혜

펴낸곳 **카비넌트북스**
펴낸이 유재혁
출판등록 2024년 1월 3일 제2024-000001호
주소 서울특별시 송파구 삼전로 102 삼전빌딩 3층(삼전동)
전화 02-417-3232
전자우편 seoulcovenantbooks@gmail.com
홈페이지 www.covenantbooks.co.kr

ISBN 979-11-986200-5-7(03230)

- 이 책의 저작권은 카비넌트북스에 있습니다.
- 카비넌트북스는 신앙과 삶의 다양한 주제들을 성경적 관점에서 다루기 위해 만들어진 출판사입니다.
- 신 저작권법에 의하여 보호받는 저작물이므로, 무단 전제와 무단 복제를 금합니다.
- 잘못 만들어진 책은 구입처에서 교환해 드립니다.